White Eagle

Intuition und Initiation

Der inneren Stimme folgen

White Eagle

Intuition und Initiation

Der inneren Stimme folgen

White Eagle Kontaktadressen

White Eagle Centre Deutschland:
White Eagle Centre Deutschland e.V.
Reichlinstraße 30 | D-87439 Kempten
Tel.: 0831 / 570 707 62
email: info@whiteeagle.de

White Eagle Centre Schweiz:
Stern-Zentrum
Moserstrasse 25
CH-3421 Lyssach BE
Telefon 034 402 36 36
mail@whiteeagle.ch
www.whiteagle.ch

White Eagle England:
The White Eagle Lodge
Newlands | Brewells Lane
Hampshire | GU33 7HY
www.whiteagle.org.uk
enquiries@whiteagle.org.uk

Titel der englischen Originalausgabe:
INTUITION AND INITIATION

Übersetzung: White Eagle Centre Deutschland e.V.

Covergestaltung: Annette Wagner

Druck: CPI · Ulm

ISBN 978-3-89427-943-1

Inhalt

Einführung

Die Intuition (gefühlsmäßige, nicht durch den Verstand hervorgerufene Erkenntnis, Eingebung) ist eine aktive und manchmal überraschende Kraft im Leben der meisten von uns. Wenn wir feststellen, dass ein intuitives Gefühl – eine blitzartige Eingebung oder unerwartete Erkenntnis – sich als zutreffend erweist, kann uns dies tief berühren. Manchmal wird eine Intuition von dem Anstoß begleitet, zu handeln oder etwas zu verändern, entweder in uns selbst oder im Umgang mit unserer Umgebung. Jedoch, wie White Eagle über so ein Gefühl sagt: „Es bedarf Mut, um dementsprechend zu handeln." Wenn sich jedoch unser Handeln oder die Veränderung als genau richtig erweist – oftmals in erstaunlicher Art und Weise – sind wir freudig überrascht und erstaunt, da wir etwas Größeres und Weiseres erkennen, als es das gewöhnliche, alltägliche Selbst ist.

White Eagle sagt mehr als einmal in diesem Buch, dass es nicht dasselbe ist, gesagt zu bekommen, dass wir vor allem Seele und Geist sind, sogar wenn dafür von einem Medium oder Seher der Beweis erbracht wird, vielmehr geht es darum, es selbst zu erfahren. Mithilfe der Intuition (der inneren spirituellen Weisheit) finden wir den erwünschten Beweis, dass wir mehr sind als ein sterblicher Körper und der Verstand, und dass ein weiser Plan für unser Leben am Werk ist. Es mag sein, dass uns dieser Plan in einer Art und Weise führt, die wir nicht verstehen.

Die Intuition ist nicht etwas, zu dem nur wenige Menschen Zugang haben. Sie ist das Bindeglied zu unserem höheren Selbst und steht somit allen offen, aber die Voraussetzungen müssen stimmen. Diese Voraussetzungen sind nicht notwendigerweise tiefe Meditation und Zurückgezogenheit, sondern es kann ein Seinszustand sein, den wir in unserem täglichen Leben schaffen und ständig zu erhalten suchen können. Die Intuition kann daher manchmal blitzartig kommen, wenn wir inmitten von etwas ganz Alltäglichem sind. Oft ignorieren wir diese blitzartige Eingebung oder vergessen sie im Trubel des täglichen Lebens schnell wieder. Wenn es uns jedoch möglich ist, zu erlernen, ein ständiges Bewusstsein des Geistes zu haben, können wir auch lernen, diese intuitiven Augenblicke im Gedächtnis zu behalten und sie zu nutzen. Das bedeutet nicht, dass wir wie in einem Traum umherwandeln. Das kann auf höchst praktische Weise geschehen, während wir unser Leben leben; und mit einiger Anstrengung können wir auch „die Gegenwart Gottes üben“, während wir dies tun, sodass dieser Seinszustand zu unserer zweiten Natur wird.

In diesem Buch hilft uns White Eagle, eben dies zu tun. Er zeigt uns genau, was Intuition ist, sodass wir sie leichter erkennen. Er zeigt uns auch, wie sie mit dem Wachstum unserer Seele in Beziehung steht, und er macht den Unterschied deutlich zwischen Intuition und unserem irdischen Verstand, dem Gehirn und den Emotionen. Daher ist das Buch in zwei Abschnitte aufgeteilt. Im ersten geht es um die Beschaffenheit der Intuition, während der zweite untersucht, wie wir diese höchst nützliche Fähigkeit entwickeln können.

White Eagle hat die Intuition mit der Entfaltung der Menschheitsseele verknüpft – der weiblichen Energie in uns allen; und mit der Rückkehr zu einem größeren Verständnis der Göttlichen Mutter, das im Zeitalter des Wassermanns Bestandteil des Wachsens der Menschheit hin zu Frieden und Bruderschaft ist. Ein kleiner Abschnitt am Ende des Buches enthält daher einiges von White Eagles Lehre über den Weltfrieden und wie dieser mithilfe der von uns geleisteten inneren und äußeren Heilungsarbeit erreicht werden kann. Durch inneres Verstehen – die Gabe der Intuition – können wir an unserer eigenen Psyche und an unseren Beziehungen, sowohl mit anderen Menschen wie mit der Erde selbst, arbeiten. Deshalb wird der Leser hierzu das Begleitbuch von White Eagle mit dem Titel *Die Göttliche Mutter – Das Weibliche und die Mysterien* als nächstes lesen wollen.

Das Wort Intuition erklärt sich selbst.
Es heißt: „Innere Belehrung“.
Du suchst immerzu Hilfe von außen,
während doch allezeit die Hilfe, die du brauchst,
in dir selbst ist.
Die Welt des Geistes, von der so viele reden,
an die so viele glauben,
und die viele von euch berühren wollen,
diese Welt des Geistes ist vollständig in dir selbst!

White Eagle, In der Stille liegt die Kraft

Teil 1

Was ist Intuition, und was ist sie nicht

1

Wahrheit

Die Natur der Wahrheit

Geliebte Brüder, geliebte Schwestern, wir kommen zusammen, um Wahrheit zu suchen. Wir kommen aus dem Reich des Geistes, aber wir sind den Weg der Erde gewandert; und wir versuchen, etwas von dem Wissen weiterzugeben, das wir gefunden haben. Das ist keine einfache Aufgabe, denn es ist einer Seele selten möglich einer anderen Seele Wahrheit zu vermitteln. Wir können euren Weg nicht für euch gehen, aber wir können euch als Wegweiser dienen und euch aus unserer eigenen Erfahrung heraus mitteilen, wohin dieser Weg führen wird. Dennoch, ihr habt einen freien Willen und die Wahl. Jede Seele ist mit Unterscheidungsvermögen und Urteilskraft gesegnet, und die Aufgabe der Seele ist es, diese Fähigkeiten zu nutzen. Eines ist allerdings ganz sicher: Wahrheit, wirkliche Wahrheit, kann nur aus dem Innersten heraus erkannt werden, aus dem reinen Geist. Darum riet der Meister seinen Jüngern und Hörern so nachdrücklich, wie kleine Kinder zu werden, was bedeutet, von diesem irdischen oder argumentierenden Verstand Abstand zu nehmen. Einige werden dem nicht zustimmen. Sie sagen: „Aber der Verstand ist uns doch mit einer bestimmten Absicht gegeben worden." Ja, euer Verstand hat seinen Zweck, er befähigt euch aber nicht, die geistige Wahrheit zu erkennen. Geistige Wahrheit, wenn sie vom Christus im Inneren offenbart wird, von der Vision des Geistes, wird alle Prüfungen durch den Verstand bestehen, denn sie ist unwiderlegbar. Wenn die Seele durch eine innere Schau erst einmal geistige Wahrheit entdeckt hat, gibt es kein Fragen mehr; denn diese Wahrheit befriedigt alles im Wesen eines Menschen.

Wenn wir zu euch sprechen, bemühen wir uns nicht, uns mit dem Wissen auseinanderzusetzen, das bereits vom Verstand der Menschen auf der Erde angesammelt wurde. Um einen flüchtigen Eindruck von universeller Wahrheit zu erhaschen, einer Wahrheit, die jeden Winkel eures Verstandes erreicht, müsst auch ihr über die Widersprüchlichkeit menschlicher Behauptungen und Meinungen hinaus suchen. Wir kennen eure Schwierigkeiten; wir wissen vollkommen um die Beschränkungen des Verstandes; aber wir sehen auch das innere Selbst, das sich über die Knechtschaft des irdischen Verstandes erheben kann. Dieses innere Selbst kann in einer blitzartigen Eingebung zu Wahrheit finden, und dies kann geschehen, ohne dass es mühselig eine Straße entlang wandert, die in einer Sackgasse enden kann.

Wir möchten euch allen erklären, dass wir nicht auf der rein mentalen Ebene oder Vernunftebene wirken, wenn wir kommen, sondern auf der intuitiven oder der Buddha-Ebene des Bewusstseins. Der Meister Buddha war vollkommen vom Strahl der Weisheit durchdrungen und seine Schüler, oder Chelas, fanden Meisterschaft durch Weisheit, durch Kontemplation, durch Rückzug aus der Welt, und indem sie der Intuition oder der Weisheit der inneren Stille folgten.

In gleicher Weise ist es notwendig, euch zu entspannen, wenn ihr geistige Lehren hören möchtet. Seid ruhigen Geistes, denn wenn wir dieses Wissen von den höheren Ebenen zu euch bringen, brauchen wir auch eure innere Aufmerksamkeit. Wir sprechen nicht von der Ebene des menschlichen Wissens, sondern von jener der Intuition, und wir müssen Wahrheiten in Worte fassen, die für den irdischen Verstand fast nicht begreifbar sind. Unsere Botschaft soll weniger in Redewendungen aufgenommen werden als vielmehr in der geistigen Kraft, die dadurch übertragen wird. Der Beweis spiritueller Dinge ist nicht möglich, und nur eure Intuition wird bestätigen, was wir zu sagen haben.

Vertrauen in die eigene Wahrheit

Wir fordern nicht mehr Autorität für das, was wir sagen werden, als ihr sie habt, wenn ihr eurer eigenen Intuition folgend denkt. Wir behaupten nicht, dass unsere Wahrheit die einzige ist, sondern dass es das ist, was wir in unserer Vision erkennen. Akzeptiert nichts, was wir sagen, wenn das Licht in euch es nicht für richtig befindet. In der Tat, akzeptiert niemals blind das, was eine andere Seele sagt. Lernt aus eurer Intuition.

Akzeptiert nicht das, was ihr von White Eagle hört, als die einzige Wahrheit. Ich kann euch nichts lehren, meine Brüder, meine Schwestern, aber vielleicht öffne ich eure Augen; aber ihr müsst den Weg mithilfe eurer eigenen Intuition finden. Lasst euch nicht von diesem oder jenem Menschen überreden – er kann Unrecht haben.

Er hat ausnahmslos Unrecht! Nur ihr habt Recht, denn in euch spricht Gott. Diese Wahrheit gilt für jeden.

Wir wollen das sofort klarstellen; es ist nicht der mentale Teil in euch, der Recht hat. Tatsächlich ist es so, dass der niedere Verstand, der feinfühlig auf die Einflüsse von anderen reagiert, euch irreführen wird. Der höhere Verstand, geleitet von Intuition oder Weisheit, wird euch zur Wahrheit führen. Wenn das, was ihr Wahrheit nennt, durch die Intuition und eine Vision kommt, muss sie in der Tat wahr sein. Die Version eures Bruders oder eurer Schwester von Wahrheit mag anders sein, aber sie wird gleichermaßen wahr sein. Niemand kann beanspruchen, dass seine oder ihre Wahrheit die ganze und einzige ist.

Auf eurem geistigen Weg begegnet ihr ständig Situationen, die in sich widersprüchlich sind. Wir wissen, dass es manchmal scheint, als ob es bei jedem Schritt so ein Paradoxon gäbe. Es ist so verwirrend, dass ihr nicht wisst, was gemeint ist, oder welchen Weg ihr einschlagen sollt. Da neigen dann die Menschen dazu, schnell unumstößliche Regeln festzulegen. Der eine sagt: „Wir müssen hier entlang gehen!“ Ein anderer sagt: „Nein, dies ist der Weg – Ich weiß es.“ Was sollt ihr tun? Ihr seht euch mit einem großen geistigen Problem konfrontiert und ihr müsst schließlich lernen, mithilfe eurer Intuition zwischen dem zu unterscheiden, was manchmal der obere und untere, oder der linke und rechte Weg genannt wird. Hier könnt ihr euch nicht durch den Rat eines anderen Menschen binden lassen, denn was für ihn richtig ist, was sein Weg ist, gilt nicht zwangsläufig für euch. Ihr müsst selbst entscheiden, auf welchem Pfad ihr wandern müsst.

Ja ... Unterscheidungsvermögen. Jeder kennt unsere Pflicht, nur wir selbst nicht! „Wenn ich du wäre, würde ich dies oder jenes tun!“ Habt ihr das schon einmal gehört? „Wenn ich Frau Soundso wäre, würde ich mich auf diese oder jene Weise verhalten.“ Aber würdet ihr euch tatsächlich so verhalten? Wenn ihr in genau die Schwingungen, die Umstände versetzt würdet mit derselben Art der Seelenentfaltung, würdet ihr euch dann so verhalten, wie ihr es behauptet? Wie kann jemand für eine andere Seele entscheiden, deren Bewusstseinsqualität, deren Gefühle und Reaktionen sich von den eigenen so völlig unterscheiden? Ihr könnt keine Entscheidungen für einen anderen treffen, und niemand kann euch eure Entscheidungen abnehmen. Wenn also plötzlich diese kleinen Auseinandersetzungen auftauchen, dann lächelt und sagt: „Ja … ich weiß." Sagt nichts, um diese Person zu verletzen, die so sehr erpicht darauf ist, euch Ratschläge zu erteilen. Sagt nicht: „Oh nein, ich weiß, das ist nicht mein Weg, du hast ganz unrecht". Sagt: „Ja …", aber bewahrt euer inneres Wissen. Und vergesst das Lächeln nicht!

Ermutigen wir euch zur Täuschung? Nein. Die Menschen der Erde müssen manchmal Masken tragen. Auf der anderen Seite müssen sie auch einen „Röntgenblick" entwickeln, sodass sie durch die Maske hindurch die wirkliche Person erkennen. Können sie das, urteilen sie nicht, sie sind verständnisvoll und guten Willens gegenüber allen und fühlen sich mit jedem verbunden.

Der Pfad zu den Mysterien

Mit Recht wird gesagt, dass es keine *neue* Wahrheit gibt. Wir möchten hinzufügen, dass alle Wahrheit in Gott enthalten ist. Gott ist in euch, aber gegenwärtig nur als ein

Saatkorn, ein Samenatom. Aber mit dem Voranschreiten der Menschheit wird dieses Saatkorn zu wachsen beginnen, und ihr werdet ein erwachendes himmlisches Leben finden, nicht an einem weit entfernten Ort, sondern in eurem eigenen Tempel, in eurem Herzen.

Wenn wir unser Wissen oder unsere Offenbarung zur Erdebene übermitteln, um der Menschheit zu helfen, finden wir es sehr schwer, innere Wahrheiten in irdische Sprache und Bilder zu kleiden. Einiges können wir euch ohne Worte mitteilen. Wir wenden uns an die Hallen der Weisheit, und es besteht eine Verbindung hinab durch die Sphären zu einem irdischen Kanal oder einem Vermittler. Aber wenn unsere Botschaft geradewegs in eure Mitte herabkommt, muss es durch ein irdisches Gefäß zu einer Zuhörerschaft kommen, die sehr beschränkt ist – wir bitten euch um Entschuldigung –, die aber notwendigerweise beschränkt ist in ihrer Fähigkeit, diese inneren Geheimnisse oder Mysterien des Himmels zu begreifen. Wir, die wir aus der geistigen Welt wirken, werden dadurch merklich behindert.

Da wir uns mit den Hallen der Weisheit in Verbindung setzen, kommt die Macht des Himmels mit uns; und die Feinfühligen unter euch sind in der Lage, hier und da ein wenig von diesem Licht aufzufangen. Eure eigene visionäre Kraft entfaltet sich; und obwohl ihr selbst Wahrheit nicht in Worte fassen könnt, spürt ihr ein inneres Wissen, wenn ihr diese Wahrheiten, diese Mysterien

Gottes, begreift. Das war natürlich immer der Fall, und wenn ihr die Bibel lest oder eine der anderen großen Schriften der Welt, werdet ihr allmählich diese uralten Geheimnisse entdecken. Solange aber diese Geheimnisse nicht enthüllt sind, werdet ihr auf viele eurer Fragen ohne Antwort bleiben.

Heute steht es allen Menschen frei, dem Pfad zu den Mysterien zu folgen, sofern sie es wollen. Manche werden sich beeilen und andere werden bummeln. Sobald ihr euch aber einmal Weisheit wünscht, nicht zu eurer eigenen Befriedigung, nicht aus Neugierde heraus, sondern damit ihr arbeiten könnt, um der ganzen Erde zu helfen, dann werden eure Füße den Pfad betreten, der letztlich zu dem Haus aus Licht führt. Aus der großen Sehnsucht eures Herzens heraus dienen zu können, so findet ihr euch selbst. Sobald dies geschieht, wird eure Seele durch Lehre unterstützt, durch die Führung vom Unsichtbaren. Wenn ihr zu viele Pfade ausprobiert, werdet ihr feststellen, dass jeder von ihnen in einer Sackgasse endet; wir sagen: Ihr solltet besser an dem einen Weg festhalten. Folgt dem einen Weg, indem ihr dient. Folgt dem Licht und der Führung durch eure unsichtbaren Lehrer, dann werden euch die Mysterien der unsichtbaren Welt enthüllt werden. Es gibt viele Wege des Dienens und kein Schüler ist gezwungen, dem Pfad zu folgen, der von anderen vorgegeben wird. Ihr solltet dem Licht folgen, das von eurem eigenen Geist ausstrahlt.

Merkt euch daher: Der erste Hinweis auf Wahrheit, auf wahre Lehre, ist Einfachheit – zuerst Einfachheit und dann Weisheit. Ruft euch die einfachen und doch weisen Offenbarungen des Meisters Jesus und des Buddha ins Gedächtnis. Sucht daher zuerst nach Einfachheit in aller Offenbarung. Dann folgt ihr gewissenhaft; setzt das wirkliche Sein in die Tat um, … indem ihr wahrhaftig zu diesen wunderbaren Wahrheiten, die euch enthüllt wurden, werdet. Sucht nicht nach Abkürzungen auf dem Weg in den Tempel. Es darf kein Sich-Einschmuggeln geben … nur ein stetiges Emporsteigen, wobei manche Prüfung bestanden werden muss.

Die besondere Schulung, die im Tempel der alten Zeiten stattfand, die Abgeschiedenheit und Isolation, welche den Lernenden schließlich in die Lage versetzte, die höheren Grade zu erreichen, gibt es nicht mehr. Heutzutage muss euer Leben in einer Alltagswelt geführt werden. Die Menschen in der, wie ihr sie nennt, entwickelten Gesellschaft sind nicht vor der Verführung durch die äußere Welt geschützt. Stattdessen sind die Lernenden der ständigen Anziehungskraft der unteren Ebene ausgesetzt, den Aufregungen und Leidenschaften des physischen Lebens. In früheren Tagen zogen sie sich zurück, folgten ruhig dem Pfad, arbeiteten sorgfältig, heilten die Kranken und trösteten die Trauernden. Es kamen ihnen Kräfte zu, die sie befähigten, den Schleier zwischen ihrer und der unsichtbaren Welt beiseitezuziehen. Auch heute könnt ihr über diese Kräfte verfügen. Aber ihr müsst buchstäblich auf das Schlachtfeld des Lebens hinausziehen und dort lernen, zwischen richtig und falsch zu unterscheiden, zwischen dem Wahren und dem Unwahren. Oh, wir kennen das! Es ist nicht leicht!

Viele von euch waren einst Arbeiter in den ägyptischen Tempeln, besonders solche unter euch, die nun in einem einfachen und bescheidenen Zentrum spirituellen Lichtes dienen. Diejenigen, die zu solchen Orten gezogen werden, haben bereits gewisse innere Wahrheiten, die von Dauer sind, erlernt; denn während das physische Leben vergeht, und sogar die Persönlichkeit, die aus der Vergangenheit in ein zukünftiges Leben mitgebracht wird, fallen gelassen und im „Kleiderschrank" oben aufgehängt wird (und dort wartet, bis sie wieder benötigt wird), geht die innere Weisheit, die einst in einer Mysterienschule erlernt wurde, niemals verloren. Deshalb spüren viele von euch, dass sich die uralte Weisheit in eurer Brust regt. Ihr braucht nicht überzeugt zu werden. Habt ihr einmal die unsichtbare Welt gesehen, dann wisst ihr.

Bis es soweit ist, können wir manches nur andeuten. Wir können nur Dinge sagen, die euren Verstand und eure Herzen bewegen und beleben werden, sodass ihr einem Gedankengang folgen, eine Eingebung aufnehmen könnt. Geistige Wahrheit ist veränderlich. Ihr könnt Prinzipien vermittelt bekommen, nach denen ihr arbeiten könnt, aber die Wahrheit ist wie ein großer Fluss mit vielen Nebenflüssen. Ihr werdet abgelenkt werden, es kann sein, dass ihr euch verirrt, aber ihr werdet immer zu dem Hauptthema zurückkommen, dem Grundprinzip. Wenn ihr lernt, euch über die Erde zu erheben und herabzublicken, werdet ihr sehen, wohin all die Nebenflüsse fließen, ihr werdet sehen, wie sie alle in das große Panorama eines schönen Lebens auf der Erde, den Garten Eden, passen.

Auch wir haben nur einen flüchtigen Blick von der Herrlichkeit des Universums erhascht, nur einen kurzen Einblick in die Möglichkeiten, die in allem liegen. Aber das Wissen, das wir in unseren Meditationen erworben haben, geben wir euch, da es sich als ein Wegweiser auf eurer eigenen Reise erweisen kann – auf eurem Weg ewigen Fortschreitens und ewiger Entfaltung, der zu ewigem Licht und himmlischer Herrlichkeit führt.

Das geistige Universum mag in der Tat jenseits eures Verständnisses liegen, aber von dem, was wir von ihm sahen, können wir euch nur sagen, dass es herrlich ist, überwältigend und unglaublich für diejenigen, welche erst noch die Liebe Gottes begreifen müssen. Es weiter beschreiben zu wollen, gleicht dem Versuch, eine große Menge Flüssigkeit durch einen sehr engen Trichter zu gießen. Ihr seht, was wir zu sagen haben, führt keinen Beweis mit sich, den der weltliche Verstand akzeptieren kann. Der einzige Beweis dieser geistigen Wahrheiten ist, dass ihr durch die Art und Weise, wie ihr euer Leben führt, Beweis und Veranschaulichung der Wahrheit erhaltet. Um es mit einfachen Worten zu sagen: Die Wahrheiten wirken; und sie wirken in den allerkleinsten Einzelheiten eures alltäglichen Lebens. Ihr könnt sie alle für euch selbst erkennen, aber wir können sie nicht für euch beweisen. Jeder lebende Mensch kann sie erkennen, wenn er das Gesetz auf sein tägliches Leben anwendet. Sobald er das tut, kann er die Herrlichkeit der Himmel sehen; er kann das Glück des Geistes erkennen.

2

Jenseits des Zeitalters der Aufklärung

Zeit ist nichts. Wenn ihr mit dem Blick eines wahren Sehers über zweitausend Jahre zurückschaut, wird euch alles erscheinen, als wäre es gestern; tatsächlich nicht mehr als das Aufblitzen eines Augenblicks. Das Zeitalter der Aufklärung hat sich als große Hilfe für die Menschheit erwiesen. Ihr habt gehört wie wir gesagt haben, dass der urteilende Verstand außer Acht gelassen werden muss, aber wir möchten den Verstand nicht herabsetzen, denn wir kennen die Wichtigkeit des Verstandes, des Intellekts. Wenn allerdings diese Werkzeuge ihrem Zweck gedient haben, sollte es ihnen erlaubt sein, zu etwas Größerem zu wachsen. Was Jahrhunderte lang von großem Wert war, da es der Menschheit ein verstärktes individuelles Bewusstsein brachte, muss nun von tieferer Einsicht und Intuition abgelöst werden.

Ihr müsst auf eurem Weg der Kontemplation fortfahren; müsst studieren und durch Eingebung zu den inneren Mysterien vordringen; aber haltet euch immer vor Augen, dass die alten Glaubensinhalte eine wertvolle Perle für euch enthalten. Achtet darauf, dass ihr die Perle nicht fortwerft – sondern brecht lieber die Schale, um die Schönheit des Juwels darin zu enthüllen.

Die Aufgabe des Meisters Jesus war es, die Menschheit auf das Wassermann-Zeitalter vorzubereiten. Als seine Lehren zu Beginn des Fische-Zeitalters übermittelt wurden, interpretierte man sie ausschließlich auf der emotionalen, mentalen und materiellen Ebene. Euch allen, die ihr unserer Lehre folgt und auf dem Strahl des Johannes[1] arbeitet, ist die Aufgabe gestellt, diese Mysterien zu enthüllen. So werden die Menschen zum Beispiel die spirituelle Bedeutung der Evangelien verstehen, sobald sie einmal ihre Herzen dem Geist geöffnet haben.

Die wichtigste Voraussetzung für dieses Verständnis ist, dass die Seele sich Gottes Liebe hingibt. Es ist eine große Versuchung, darauf zu bestehen, dass dem Verstand Genüge getan wird, ehe eine solche Hingabe der Seele an das Licht des Christus im Inneren stattfindet oder an die Stimme des Christus, welche die Intuition ist. Das, was ihr den kühlen Verstand nennt, kann die Seele von der himmlischen Wahrheit oder der göttlichen Einsicht fortlocken. Wir wagen fast zu sagen, dass es besser ist, auf die Intuition zu hören und sich vom reinen

1 White Eagle spricht von seiner eigenen Mission als der eines Lehrers „auf dem Strahl des Heiligen Johannes" in dem Buch *Die Meister als Boten des Lichtes* von Grace Cooke: White Eagle *Meditation*, Seite 76.

inneren Gefühl leiten zu lassen, selbst wenn ihr nicht vollständig versteht, wohin dieses euch führt. Die Gefahr, den Weg zu verlieren, würde bedeuten, dem Verführer, dem Verstand, gänzlich zu erliegen. Wir meinen natürlich nicht den höheren Verstand, denn dieser ist das Werkzeug des Geistes.

Im Zeitalter des Wassermanns werden die Menschen sowohl mental als auch spirituell angeregt. Nun liegt in mentaler Anregung eine gewisse Gefahr, weil der endliche Verstand eines Menschen vollkommene Wahrheit fordert, jedoch die Wahrheit etwas ist, was nur der unbegrenzte Geist begreifen kann. Es ist keiner Sprache der Erde möglich, dem irdischen Verstand bei geistigen Fragen Genüge zu tun, da solche Fragen nur im Laufe der allmählichen Entwicklung der Seele beantwortet werden können. Die Antworten kommen nur mit der sich entfaltenden geistigen Schau, die sich im Laufe des spirituellen Fortschreitens in jeder Seele entwickelt. Die Forderung, dass der Verstand befriedigt werde, wird im neuen Zeitalter immer stärker werden. Der Verstand wächst und wünscht Gewissheit; aber dieses Wachsen wird im neuen Zeitalter von einem geistigen Segen begleitet werden, der dazu bestimmt ist, die Intuition anzuregen, und die innere Stimme und das innere Hören der Menschen zu unterstützen. Solange ein Mensch nicht ein gewisses Maß an Intuition und innerer Vision erworben hat, werden die Fragen, die er stellen wird, nicht beantwortet werden können. Der Verstand kann nur befriedigt werden, wenn die Intuition sich entfaltet.

Aus diesem Grund kommt in der momentanen Zeit ein wegbereitender Strahl der Weisheit und Liebe von weit her. Es gibt jetzt auf der Erde jene Seelen, die für diesen wegbereitenden Strahl geistigen Wissens und geistiger Kraft empfänglich sind, und sie sind dazu bestimmt, die Vorhut der neuen Spiritualität zu sein.

Während die Menschheit auf sie vorbereitet wird, werden die Mysterienschulen der Vergangenheit wieder zur Erde zurückkehren. Wir werden auf dem Gipfel des Berges den großen weißen Tempel für Gebet, Meditation und die schöpferische Kraft in den Menschen sehen.[2] So wird die alles umfassende Bruderschaft des Geistes auf der Erde begründet werden. Da gibt es jene aus dem Fische-Zeitalter, die für den Einfluss unmittelbarer Erkenntnis empfänglich sind; diejenigen, von denen der Meister sagte: „Und eure Jünglinge sollen Gesichte sehen … Gesichte, von dem, was kommen wird, dem Neuen Jerusalem. Und eure Alten sollen Träume haben …", das bedeutet, dass auch sie in ihren Träumen unter den schönen Einfluss der Strahlen des Neptuns kommen werden. Warum werden die Planeten Neptun und Uranus während dieses gegenwärtigen Zeitraumes in das System der Evo-

2 Die zum Zweck der Anbetung erbauten Tempel der White Eagle Loge sollen eine Kopie des großen universellen Tempels sein, den White Eagle hier voraussieht. Das Bibelzitat, das dem folgt, ist aus Apostelgeschichte 2,17.

lution der Erde einbezogen? Aus diesem Grund: Um die Menschheit zu unterstützen; um das Zeitalter des Geistes einzuleiten, das Zeitalter, in dem der Geist aller Menschen uneingeschränkt und bewusst in höheren Welten tätig sein wird, während sie immer noch im Kontakt mit dem Irdischen sind.

Vielleicht fragt ihr nun, ob dies bedeutet, dass ihr den Verstand nicht beachten und euch nicht von ihm leiten lassen sollt. Wir ziehen es vor zu sagen, dass euer Verstand keine Vorrangstellung einnehmen wird, sobald ihr gelernt haben werdet, die Stimme des Geistes in euch wahrzunehmen. Der Verstand wird in eurem Leben seine Aufgabe erfüllt haben und seine Vorherrschaft wird vergehen, so wie es alle Dinge tun, wenn ihr Zweck erfüllt ist. Aus dem Verstand heraus wird Intuition kommen, oder die göttliche Intelligenz des Gottes-Selbst. Aber solange ihr der Intuition keine Möglichkeit gebt, in eurer Seele zu wachsen und sich zu entwickeln, werdet ihr noch lange Zeit auf den rauen Ton des Verstandes hören und an seine Ketten gebunden sein.

Die Menschen sind so begierig, alles zu veranstalten, um den niederen Verstand zu befriedigen – die Vernunft, den Intellekt –, aber die inneren Wahrheiten liegen jenseits von Vernunft oder Intellekt. Strebt danach, euch zu schulen, auf den Ebenen der Intuition aufnahmefähig zu sein. Eine Möglichkeit, dies zu tun ist, das zu behalten, was ihr so gerne „Aufgeschlossenheit“ nennt.

Aufgeschlossenheit wird euch im Zeitalter des Wassermanns auch immer dann beschützen, wenn es ein großes Aufbegehren des dominanten Verstandes gibt. Bedenkt, dass damit jedes Mal eine große Entfaltung spiritueller Kraft einhergeht. Wenn sich der Körper und die Seele der Menschheit entfalten, entfaltet sich der Verstand – der höhere Verstand – und das Gehirn muss vorbereitet und entwickelt werden, sodass der reine Geist das Gehirn nutzen und ihm helfen kann, die Mysterien des Universums zu verstehen. Ohne dieses entwickelte Gehirn und den höheren Verstand kann der Geist nicht zu eurem Bewusstsein durchdringen – er kann euch nicht die Schönheit, Wahrheit, Weisheit und Liebe dieser himmlischen Sphären des Lebens zeigen. So werdet ihr sehen, wie der Verstand aktiv und oftmals arrogant und mächtig, zu einer treibenden Kraft wird, um das zu bekommen, was er für sich und seinen Körper haben möchte – für sein physisches Leben. Aber der nächste Schritt wird eingeleitet – und er wirkt bereits – und das ist die Öffnung der Liebe im Herzen.

Die Erkenntnis der Liebe für die Schöpfung, die Entfaltung der Liebe für die Mitmenschen, sodass man nicht nur zum Nutzen des eigenen Ichs handelt: All das wird kommen.

3

Der Strahl der Liebe und Weisheit

Die Zeit ist für die Menschen nun gekommen, einen sechsten Sinn zu entwickeln, den wir Intuition nennen werden. Die Menschen haben sich lange Zeit auf die Anregung und Entwicklung des Intellekts konzentriert. Dieser sechste Sinn, oder Strahl des Lichtes, hat die Aufgabe, für jedermann die Geheimnisse der Natur, der Schöpfung und des spirituellen Lebens und Ziels zu öffnen. Wir selbst wirken besonders auf diesem Strahl der Intuition – dem Strahl der Liebe und Weisheit.[3] Wenn also ihr und wir und die Gemeinschaft der geistigen Brüder und Schwestern zusammenkommen, so kommen wir in Liebe zusammen, und wir begehren eines der kostbarsten Geschenke des Lebens: Weisheit durch Liebe.

---

3 An anderer Stelle (z.B. in *Das White Eagle Engelbuch*, führt White Eagle die Strahlen wie folgt auf: Der Erste ist der Strahl der Macht und des Willens, der Zweite ist der der Liebe oder Menschenliebe; der Dritte ist der der Weisheit oder Philosophie. Dann ist da der ausgleichende Vierte Strahl der Harmonie, gefolgt von einem weiteren Strahl der Weisheit (der der Wissenschaft); ein weiterer Strahl der Liebe (der Sechste Strahl, der Strahl des Mystikers) und ein weiterer ist der Strahl der Macht (der Siebte, der Strahl der Zeremonien und der Schönheit). Wenn er über den Strahl der Liebe und Weisheit spricht, beabsichtigt er offensichtlich ein Verschmelzen von zwei oder mehreren Strahlen.

Wir bieten euch einige Gedanken an. Es kann sein, dass ihr aufwärts geführt werdet, während ihr dem Weg der Intuition folgt, wir bitten euch jedoch, nicht zu vergessen, dass kosmische Mysterien für den Verstand unerklärlich bleiben müssen. Erst wenn das Licht des Göttlichen Geistes, des reinen Strahles der Liebe und Weisheit, aufgenommen wird, kann ein Mensch einen flüchtigen Blick auf diese Mysterien erhaschen; und es ist für euch noch nicht möglich, sie vollkommen zu begreifen. Hierum bitten wir euch: Weist einige dieser Gedanken, die euch auf diese Art und Weise erreichen, nicht zurück, sondern hebt sie auf, um sie zu einem späteren Zeitpunkt zu bedenken.

Viele Schulen sind der Meinung, dass der Weg des Intellekts derjenige ist, dem sie folgen sollten, aus dem Grunde, da der Intellekt selbst wachsen und sich entfalten muss. Aber es sind Menschen inkarniert, die nicht auf dem intellektuellen Weg wandern müssen, um die ewigen Wahrheiten zu erringen und in sich aufzunehmen. Viele empfinden den Weg des Herzens als den leichteren Pfad. Wir arbeiten auf dem Strahl der Liebe und der Weisheit, und so möchten wir das herrliche Licht des Geistes nicht allein in Worten enthüllen, sondern in seinem Wesen.

Wenn die Menschheit durch Liebe Weisheit und Verständnis erlangt, wird ihr die volle Kraft ihrer Schöpfung, die göttliches Wesen ist, zuteil. Lasst Liebe und

Weisheit euer Grundton sein, denn indem ihr euch mit dieser Schwingung in Einklang bringt, werdet ihr die innere Weisheit der Mysterienschulen aller Zeitalter in euch aufnehmen. Viele nähern sich den Mysterien durch intellektuelles Streben und gewinnen auf diese Weise viel Wissen; sie lesen Sachverhalte und interpretieren Symbole, aber niemand kann unaufhörlich voranschreiten, ohne auf dieses leuchtende Geheimnis zu treffen, das nicht mit dem Verstand, sondern mit unserer Weisheit gelesen werden muss.

Viele Menschen bedauern heimlich ihren Mangel an mentaler Schulung und intellektuellen Kenntnissen (oder das, was die Welt „Bildung“ nennt); dennoch können diese Menschen in sich das richtige Verlangen tragen … die Intuition. Ihnen sagen wir: „Bedauert nichts; wenn die Mächtigen, die großen Herren des Karmas, es für richtig befunden hätten, euch Lebensumstände zu ermöglichen, die intellektuelle Kenntnisse und eine umfassende Bildung gebracht hätten, hätten sie das getan.“ Es gibt viele Menschen auf der Erde, die in vergangenen Leben alles in sich aufnahmen, was Erziehung und Intellekt schenken konnte. Während dieser Inkarnation erfolgt daher ihre Entwicklung auf dem Pfad der Liebe und Weisheit oder dem Pfad der Intuition. Dies hat zur Folge, dass das physische Gehirn ungetrübt ist. So kann die Weisheit, welche in der Seele bewahrt ist, im äußeren Bewusstsein zum Tragen kommen oder dort widergespiegelt werden. Wir wiederholen: Bedauert nichts. Akzeptiert die Lebensumstände so, wie sie sich darbieten, mit dankbarem Herzen, in dem Wissen, dass sie für euch zum augenblicklichen Zeitpunkt notwendig sind.

Schließlich gibt es viele Wege, die inneren Mysterien zu erfahren, und nicht alle von ihnen erfordern geschriebene oder gesprochene Worte. Wenn die Seele sich auf die höheren Ebenen der Liebe und Weisheit einstimmen kann, wird der Verstand im Herzen das, was dort waltet, in sich aufnehmen. Obwohl also der äußere Verstand nicht immer die so aufgenommene Wahrheit sofort deutet, wird er dennoch später zu verstehen beginnen und mit der Zeit große Wahrheiten erkennen. Das Herz erfasst nichts fehlerhaft. Das, was das Herz in sich aufnimmt, ist Wahrheit. In diesem gegenwärtigen Zeitalter entwickelt sich dieser Sinn, der Intuition genannt wird. Durch die Intuition werden bisher unerkannte Wahrheiten bewusst aufgenommen – Wahrheiten, die dem Materialisten unbegreiflich sind, wie groß auch immer sein Verstand sein mag. Der Verstand des Herzens wird wissen, wird diese größeren Mysterien verstehen. Buddha befand sich auf dem Strahl der Weisheit, Jesus auf dem Strahl der Liebe. Weisheit, Liebe und Macht – die drei Aspekte der Gottheit. Es gab früher diejenigen, die sich auf dem Strahl der Macht manifestierten. Macht, Weisheit und schließlich Liebe; und durch Liebe ist die Menschheit errettet worden.

4

Die Wahrnehmung der Quelle – der CHRISTUS in uns

Das Erwachen der Seele, ihre Initiation, ist nicht nur Bestandteil der christlichen Lehre, sondern auch anderer Religionen durch alle Zeitalter hindurch. Das Erwachen der Seele ist die *Uralte Weisheit.* Es ist ein Juwel mit vielen Facetten. Wir möchten nochmals betonen, dass all dieses Wissen nicht nur interessant, sondern auch faszinierend für den Verstand ist. Darin liegt die Gefahr. Es bringt nichts, intellektuell voll in Anspruch genommen zu sein; was ihr braucht, ist ein vollkommenes Gewahrwerden des Lichtes in euch selbst; und ihr müsst sogar zu diesem Licht werden. Wieder und immer wieder stellen wir fest, dass wir betonen müssen, wie wichtig es ist, alle Nachforschungen und Untersuchungen auf den geistigen Ebenen von der einen demütigen und einfachen Wahrheit her zu beginnen – welche der Christus in euch ist.

Keine Religion ist erhabener als die Wahrheit, wie euch gesagt wird, und Wahrheit kommt vom Sohn Gottes, und der Sohn Gottes ist Christus.[4] Christus lässt Seine Strahlen zu allen Menschen strömen. Sie fließen vom Herzen des Sohnes Gottes, von Christus dem Herrn, zum Herzen eines jeden, aber die meisten Menschen verschließen sich und schneiden sich von diesen fruchtbaren Strahlen ab. Wenn sich der Mensch von dieser Kette der Inspiration und Intuition trennt und sich mit den niederen Hüllen des Astralkörpers und des physischen und niederen mentalen Körpers bekleidet, kämpft die Wahrheit vergeblich.

Viele von euch haben vom Wassermann-Zeitalter gehört, auf das die Menschheit nun zusteuert, und vom Siebten Strahl, dessen Einfluss während dieses Wassermann-Zeitalters besonders zu spüren sein wird. Dieser Siebte Strahl gilt als der Strahl der höheren medialen Entwicklung, des Rituals, der Zeremonien und der Bruderschaft. Mit anderen Worten, dies ist das Zeitalter der Entfaltung innerer Kräfte oder Seelenkräfte. Aber die Arbeit unter dem Siebten Strahl nimmt andere Formen an. Sie ist auch mit der Entwicklung der Naturwissenschaften verbunden.

Gott ist allmächtig. Der Siebte Strahl wird von den Weisen, die gemäß göttlicher Weisheit und Macht handeln, bewacht und geschützt. Aber zugleich ist es notwen-

---

4 In all seinen Belehrungen gebraucht White Eagle den Begriff „der Christus", um das universelle Wesen zu bezeichnen, das sich durch Jesus Christus manifestierte, nicht so sehr den inkarnierten Menschen Jesus selbst.

dig, das menschliche Wissen durch den dem Menschen innewohnenden Geist des Christus im Gleichgewicht zu halten, um so die wahre Entfaltung der menschlichen geistigen Kraft und die richtige Anwendung der Wissenschaft sowohl medial und geistig als auch materiell zu unterstützen.

Wenn wir daher so oft wiederholen, dass die Lehren, die von Christus kommen, wirklich die universellen Lehren der Liebe sind, tun wir dies, weil es für alle Völker notwendig ist, in der Liebe zu erstarken und im Gleichgewicht zu sein durch das Wissen um das geistige Gesetz, das durch alles Leben hindurch wirkt. Der Feind der Menschheit ist die Überheblichkeit. Die Menschen glauben zu wissen, was sie wollen, und was für sie gut ist. Ihr müsst erst noch die Lektion lernen, die der Meister Jesus nicht nur lehrte, sondern auch vorlebte, nämlich die der Sanftmut und Demut. Viele, viele Male habt ihr uns sagen hören, dass ihr zuerst Gott lieben müsst. Eure bewusste Einheit mit dem Göttlichen Geist ist die Basis für alles.

Auch wenn das Wassermann-Zeitalter ein Zeitalter ist, in dem der Intellekt vorherrscht, so ist es doch auch ein spirituelles Zeitalter. Aus diesem Grund betretet ihr bei seinem Eintritt einen schwierigen Pfad, schmal wie die Schneide eines Rasiermessers. Ihr werdet auf viele schwierige Situationen stoßen, nicht nur in eurem eigenen, sondern auch im Leben eurer Nation. Wir von der geistigen Bruderschaft kehren mit einem Ziel zu euch zurück, euch zu dem Wissen um ein spirituelles Leben und Einweihungen zu verhelfen, denen ihr euch auf dem spirituellen Pfad unterzieht.

Oftmals fragen Menschen, was mit Initiation (Einweihung) gemeint sei. Die Initiation ist ein Erwecken des Geistes im Menschen; und nicht nur das Erwecken, sondern ein Weiterführen der Entfaltung und Entwicklung der Christuskraft in einem Menschen. Sie bedeutet eine Bewusstseinserweiterung mit dem Ziel der Offenbarung der himmlischen Mysterien. Ehe dieses esoterische Wissen mitgeteilt werden kann und die Menschheit fähig sein wird, diese okkulten Kräfte richtig zu nutzen, muss jeder Einzelne in seinem Glauben und Vertrauen in Gottes Liebe und Weisheit geprüft und erprobt werden.

Die Antwort auf die Probleme einer jeden Seele ist die Ergebung in den Willen Gottes. „*Dein* Wille geschehe, oh Herr!“ Aber sich hinzugeben, ist sehr schwierig für diejenigen unter euch, die sich gerade auf den geistigen Pfad begeben, besonders wenn ihr denkt, ihr wisst mehr als ihr wahrhaft verstehen könnt. Dann werdet ihr durch die materiellen Probleme in eurem Leben verunsichert. Genau auf diese Art und Weise werdet ihr geprüft. Die gegenwärtige Zeit bringt euch gesteigerte Fähigkeiten und größere Gelegenheiten, um zwischen dem Wahren und dem Falschen zu unterscheiden. Nur durch solch gewissenhaftes und demütiges Suchen nach dem Christus in euch werdet ihr finden, was ihr sucht.

Wenn ihr dem Pfad der Wahrheit folgt, wenn ihr ernsthaft lebt und um Offenbarung bittet, wird sie kommen. Gott lässt euch niemals im Stich. Was ihr brauchen werdet, ist Urteilskraft, sodass ihr die Wahrheit wirklich erkennen könnt. Nur der Gott oder der Christus in eurem Herzen wird euch befähigen, den Christus in der äußeren Welt zu erkennen, oder den Christus in einem anderen Wesen wahrzunehmen. An ihren Früchten sollt ihr sie erkennen; ihr Grundton ist Demut und Einfachheit; sie stellen keine großen Ansprüche. Ihr werdet sie an dem Licht in ihren Augen erkennen, an der Sanftheit ihrer Sprache, der Wahrheit in dem, was sie tun – an dem unmissverständlichen Zeichen des Wahren und des Schönen. Und wenn ihr mit ihnen auf der höheren mentalen Ebene in Kontakt tretet, werdet ihr das durch die Kraft des Geistes tun oder durch die Kraft des Christus in euren eigenen Herzen, die rein und heilig ist, und vollkommen wahrhaftig. Dies ist das Zentrum, von dem aus alle (zu Gott) Strebenden arbeiten müssen. Lasst euch nicht verleiten zu meinen, ihr könntet in dem Glauben selbstzufrieden sein, dass sich schließlich alle Dinge zu eurer Bequemlichkeit, eurem Frieden und eurem Glück entwickeln werden. Wenn ihr wahrhaft auf dem Pfad wandern wollt, müsst ihr darauf vorbereitet sein, ihn manchmal schmal wie die Schneide eines Messers zu erleben. Ihr müsst sowohl in eurem Inneren wie im Äußeren arbeiten; ihr müsst so oder so um Unterstützung beten; und ihr müsst auch täglich an der inneren Kommunion teilhaben, dem inneren Brechen des Brotes. Ihr wisst das, aber die Forderungen des modernen Lebens beanspruchen euch und lenken euch von der Notwendigkeit ab, bewusst zu leben, ständig innerlich anwesend zu sein. Diese Notwendigkeit zu beachten, während ihr gleichzeitig der Welt liebevoll dient, wird Funken von Licht in euer Sein erstrahlen lassen, die Dunkelheit umwandeln und die zerstörerischen Kräfte besiegen, die um euch herum und in euch wirken. Das ist das Geheimnis der Erleuchteten: Die Weisheit, die immer darauf gewartet hat, von der Menschheit gefunden zu werden. Es ist das Geheimnis der Umwandlung der dunklen, schwerfälligen, schweren Metalle von grober Materie in das reine Gold von geistiger Substanz. Ja, die geistige Welt, die himmlische Welt, die höhere Astralwelt ist aus geistiger Substanz erbaut, die vollständig aus Lichtstrahlen der geistigen Sonne zusammengesetzt ist. Darum ist der Herr Christus der Erretter der Welt, weil es der Geist des Christus ist, des Spenders aller Liebe und Weisheit, der im menschlichen Herzen das Streben nach Licht im Himmel anregt. Denkt daran, dass die Entwicklung eures Mentalkörpers von eurem gewohnheitsmäßigen Denken abhängt. Wir meinen damit das Erbauen oder die Entwicklung des höheren mentalen Ausdruckmittels, durch welches der Christus im Inneren wirksam werden kann und wird, um so eine Welt zu erschaffen, die so weit entfernt ist von dieser Erde und so weit über ihr, dass sie nicht aus derselben Substanz bestehen wird. Stellt euch vor, wie ihr einem Baby gleich auf diese Erde herabkommt, um in euch nicht nur die Eigenschaften des Sohnes Gottes zu entwickeln, sondern allen Menschen dabei zu helfen, sich zu entfalten, ihr Streben nach Glück zum Großen Licht hin auszurichten und aufzuschauen, und um erlöst zu werden. Erlösung, so möchten wir sagen, bedeutet ihre Rückkehr oder Rettung aus der Dunkelheit der niederen Materie zur Freiheit der Sonnenwelt, dem Königreich Christi.

Durch Meditation, Gebet und Streben könnt ihr in Gedanken in euren höheren Mentalkörper über diese physische Ebene aufsteigen. Ihr könnt bewusst in der himmlischen Welt tätig sein. Ihr müsst nicht sterben, ehe ihr durch den *Zweiten Tod* geht – dem völligen Ablegen der irdischen Persönlichkeit. Ihr könnt die himmlische Welt in vollem Bewusstsein betreten, obwohl ihr in einem fleischlichen Körper lebt.

Bis auf den heutigen Tag sind eure Augen versiegelt und eure Ohren verstopft, und ihr wisst nichts; denn ihr bewegt euch in einem Zustand der Dunkelheit. Daher lautet in der Mysterienschule des Lebens die erste Frage, die dem Kandidaten gestellt wird: „Was ist dein größter Wunsch, dein größtes Bedürfnis, mein Bruder, meine Schwester?“ Und derjenige, der den Pfad betritt, antwortet: „Licht! … Der Schlüssel der Schöpfung … das magische Licht!“ Schult euch daher in dem Bemühen, Energiequellen zu sein, um das Licht des Christus im Inneren zu erhalten und weiterzugeben.

In der himmlischen Welt gibt es keine Trennung; und wenn auch alle Menschen ihre Individualität behalten, sind sie wie Wassertropfen im Ozean. Alles Leben bewegt sich als eine große universale Bruderschaft voran. Dies ist eins der Geheimnisse der Weißen Magie: Bruderschaft. Die einfachste Lehre und dennoch die folgenreichste und tiefste kam vom Meister Jesus, als er sagte: „Liebt einander … Liebe Gott, deinen Herrn, mit deinem ganzen Herzen und deiner Seele und deinem Gemüt, und deinen Nächsten wie dich selbst.“ Es ist unmöglich, in glanzvoller Abgeschiedenheit zu leben: Entweder mit oder gegen euren Willen, habt ihr Einfluss auf das Leben von Millionen Menschen durch die Einstellung eures Denkens.

5

Die Natur der Intuition

Geistiges Bewusstsein

In der Bibel heißt es, dass Gott den Menschen nach Seinem eigenen Ebenbild schuf und es zur Gewohnheit geworden ist, Gott wie ein menschliches Wesen zu betrachten. Aber was ist die innere Bedeutung dieser Vorstellung? Gott erschuf Mann und Frau gleichermaßen dem göttlichen Bilde ähnlich – beide mit geistigen Eigenschaften, einer geistigen Ähnlichkeit mit Gott. Wenn ihr Gottes Kind seid, der Sohn, die Tochter Gottes, wie euch sowohl im Alten als auch im Neuen Testament gesagt wird, werdet ihr sehen, dass ein Mann oder eine Frau ein Wesen mit gottähnlichen inneren Möglichkeiten ist.

Gott ist für den Menschen das höchste Wesen, das er sich vorstellen kann. So ist es für euch zur Gewohnheit geworden, von Gott als einer freundlichen und angenehmen Art von Überperson zu denken, denn solange sich euer geistiges Bewusstsein nicht entfaltet hat, sind eure Kräfte beschränkt. Dennoch trägt jeder/jede von euch als Kind Gottes alle gottähnlichen inneren Möglichkeiten in sich. Ihr seid von Gott als ein Funken des göttlichen Feuers gekommen; in diesem Funken liegt das Potenzial, ein göttliches Feuer anzufachen, das so groß ist, wie dasjenige, von dem es ausgegangen ist. Ein Feuerfunken, der auf geeignetes Material fällt, kann ein großes loderndes Feuer verursachen. Da ihr also von Gott gekommen seid, Teil Gottes seid, wisst ihr, dass ihr durch eure Einstimmung auf das Gottähnliche das Potenzial habt, ein herrliches Wesen zu werden. Dieser Funken des göttlichen Lichtes ist durch die Lichtsphären hinabgereist – hinab und weiter hinab in die tiefsten Tiefen der Materie. Die Zeit des Abstiegs war ein Lernen hin zur Bewusstwerdung der eigenen Kraft.

Alles, was von Gott ausgeatmet wird, durchreist während seines Wachstums und seiner Evolution jede einzelne der Sphären des Lebens. Das Leben steigt empor durch alle Sphären bis zum Menschlichen und Göttlichen; allerdings gibt es verschiedene Wege, verschiedene Reisen, die bestimmte Gruppen von Seelen machen. Wir können nicht alle diese Reisen für euch nachzeichnen, aber diese Gruppen gehen ihren eigenen Weg, der ihrer Natur und ihrem Ziel entspricht. Auf dem einen oder anderen Weg müsst ihr alle diese Sphären durchqueren, und ihr werdet sie schließlich alle kennen: Die Welten unten ebenso wie die Welten oben.

Wenn sich euer geistiges Bewusstsein zu öffnen beginnt, werdet ihr feststellen, dass euch all die Welten nun bewusst offen stehen, während ihr sie vorher in unbewusstem Zustand durchquert habt. Wenn ihr göttliche Erleuchtung empfangt, durchreist ihr all diese Entwicklungsstufen nochmals nach Belieben. Ihr könnt durch die mineralischen, tierischen und pflanzlichen Ebenen des Lebens gehen. Die inneren Sphären stehen euch offen, damit ihr sie bewusst erlebt. Ihr tretet in sie ein, ihr werdet ein Teil von ihnen. Christus ist in allem, Gott ist in allem.

Das göttliche Leben wird auf eurer Erde in jeder Form von Materie ausgedrückt. Ihr liebt es, etwas herauszunehmen und es von dem Anderen zu trennen und dann alles wieder zusammenzufügen. Denkt stattdessen, dass das Leben eine einzige große Einheit ist. Gott ist in allem, ihr seid in allem; aber ihr wisst es noch nicht. Das Bewusstsein muss sich ausdehnen, so lange bis der Geist im Inneren sich nicht nur Gottes bewusst wird, sondern allen göttlichen Lebens.

Wir wollen euch auch in Erinnerung rufen, dass der Pfad des ewigen Fortschrittes für die Seele bereitet ist, wenn die Seele es will. Zu Beginn folgt sie einem fast instinktiven Drang nach Wachstum. Dann kommt sie an einen Punkt, an dem ihr die Macht der Wahl bewusst wird. An diesem Punkt trifft sie ihre Wahl durch ihre

Handlungen, durch ihre Reaktion entweder auf das, was konstruktiv oder das, was destruktiv – gut oder böse – genannt wird.

Wir werden uns, sofern wir es können, mit dem spirituellen ebenso wie mit dem materiellen Voranschreiten befassen, das ihr im neuen Zeitalter erwarten könnt. Zunächst wird das Bewusstsein der geistigen Kräfte oder der Seelenkräfte der Menschheit kommen. Während mehrerer vergangener Zeitalter ging die Menschheit durch einen ziemlich dunklen Zyklus, der sie tief in die physische Materie verstrickt hat. Die Menschen erheben sich nun gerade aus diesem Zustand der Dunkelheit und beginnen, einen Lichtschimmer zu sehen. In der Zukunft wird dieses geistige Bewusstsein oder Gottesbewusstsein wachsen. Die Mehrheit der Menschen wird klar die Gabe dieser Seelenkräfte erkennen. Ein Individuum ist sowohl göttlich als auch menschlich. Keiner dieser Aspekte darf vernachlässigt werden. Es ist von allergrößter Wichtigkeit, dass der menschliche Aspekt seiner Natur in der richtigen und wahren Art und Weise genutzt wird, ebenso wie die göttliche Natur, welche gleichermaßen ermutigt werden muss, an Größe zu wachsen.

Notwendige Beschränkungen

Ziel des physischen Lebens ist es, dass jeder von uns ein größeres Bewusstsein des inneren oder des göttlichen

Lebens durch das physische Leben in die Manifestation bringt. Die Beschränkungen auf der physischen Ebene sind die notwendigen Prüfungen, damit dieses stattfinden kann. Durch sie wird eure Kraft – wir könnten sagen eure Wirksamkeit – beurteilt, das innere Leben in das äußere zu tragen. Es kann sein, dass ihr die Einweihung in einen höheren Bewusstseinszustand erlebt. Die Folge kann dann in der Tat die Erleuchtung sein, aber dies wird geschehen, während das Leben immer noch im physischen Körper ist. Der physische Körper ist ebenso Teil Gottes wie der Geist – „Wie oben, so unten". Es kann keine Trennung geben, und das ist der ganze Sinn des Einweihungsweges – die vollständige gegenseitige Durchdringung all dieser Ebenen. Gott ist ebenso in eurem physischen Körper wie in eurem höheren geistigen Bewusstsein, und obwohl ihr eure Erleuchtung als außerhalb des Körpers stattfindend erleben mögt, müsst ihr fähig sein, sie auszudrücken und zu leben – im Körper.

Ihr mögt euch fragen, ob es einer Seele möglich ist, sich in einer Inkarnation geistig zu entfalten, dann aber mit dem bereits entfalteten Teil, der nun verborgen oder verschlossen ist, zur Erde zurückzukehren. Gewiss mag es für eine Seele notwendig sein, in eine bestimmte Inkarnation mit anderen Charakterqualitäten zurückzukehren, die stärker ausgeprägt sind als die bereits entwickelten, da sie vielleicht einen Dienst zu erweisen hat, etwa auf einer eher materiellen Ebene. Wenn ihr Dienst an der Menschheit vielleicht im Bereich der Wirtschaftswelt liegt, wird es notwendig sein, dass kaufmännische Instinkte und Gaben freie Entfaltungsmöglichkeiten haben. Das himmlische Licht würde da eher verwirren und den Menschen von seiner Bahn ablenken. So wird das Licht eine Zeit lang gnädig verschleiert. Wir denken, dies wird deutlich machen, wie unmöglich es für einen jeden ist, eine andere Seele zu beurteilen.

Wenn die Seele, vor der das Licht zeitweilig verdunkelt wurde, das Werk vollendet hat, das ihre Aufgabe war, und die Lektion, die damit verbunden war, gelernt hat, ist es sehr wahrscheinlich, dass das geistige Licht ihr höheres Bewusstsein in solch einem Ausmaß durchfluten wird, dass das gewöhnliche Bewusstsein sich dessen auch bewusst wird.

Welcher Pfad?

Einige Religionen neigen dazu, den emotionalen Aspekt der Seele durch Rituale anzuregen und den Geist durch die Gefühle zu erreichen. Durch Gemütsbewegungen – oder noch besser, durch Intuition – erreicht man tatsächlich den Geist. Wenn ihr euren Weg überdenkt, behaltet im Auge, dass die Struktur der Seele dreifach ist. Wir sprechen vom ersten Aspekt als dem Seelenbewusstsein, der Persönlichkeit; vom zweiten Aspekt als dem Intellekt oder dem Denken, dem Teil, der auf der mentalen Ebene tätig ist; und vom dritten Aspekt als dem emotionalen oder dem intuitiven.

Alle diese Aspekte oder Seelenstrahlen durchdringen die drei niedrigeren, die physischen Aspekte eines Menschen, ebenso wie sie die drei höheren Aspekte erreichen und durchdringen, die dem Geist angehören. Durch den physischen Aspekt eines Menschen wird die Seele genährt; so wird auch auf der geistigen oder Geistebene der Körperaspekt inspiriert und angespornt, Material zum Reifen der Seele heranzuschaffen. Durch das Wachstum des Gefühlssinnes entwickelt das Individuum eine Seele.

Sobald ihr diesen Prozess der Beseelung zu verstehen beginnt, seht ihr möglicherweise, wie Christus in vollkommen entfalteten Wesen Gestalt annimmt, welche die Welt nun freudig als Avatare (Manifestationen der Gottheit) begrüßt. Sie sind vielleicht diejenigen, die ihr für die Retter der Menschheit haltet, denn sie sind inkarniert, um zu lehren und der übrigen Menschheit zu helfen, jene Eigenschaften zu entwickeln, die jede Seele dazu befähigen, endlich von Göttlichem Geist erfüllt zu werden.

Unter den Pfaden zur Seelenentfaltung, die vor euch liegen mögen, sind diejenigen, die ihr vielleicht als die Wege des Okkultisten, des Mystikers und des medial veranlagten Menschen wahrnehmen könnt. Welchem Weg sollt ihr folgen? Wie könnt ihr das beurteilen? Erstens, wenn ihr den Weg des wahrhaft medial Veranlagten im Sinn habt, dann würden wir diesen mit dem mystischen Pfad verbinden. Der wahre Mystiker muss notwendigerweise medial veranlagt sein, denn die wahre mediale Kraft wird auf dem mystischen Weg entwickelt. So lasst uns also diese Wege nur auf die mystischen und die okkulten reduzieren.

Der mystische Pfad wird von dem begeisterten Anhänger eingeschlagen, einem, der ein Ideal anbetet und liebt und keinen Gedanken an irgendetwas anderes hat außer an sein Ideal, dem er in großer Liebe verbunden ist. So ein Mensch sinnt nach und meditiert über das Licht. Er ist der wahre Mystiker und folgt jederzeit dem Ideal der Liebe, Hingabe und Anbetung.

Den okkulten Weg würden wir so beschreiben, dass hier das Wissen um die inneren Ebenen und um die Macht, die hinter der physischen Erscheinungswelt liegt, in die Sphäre der Tat getragen wird. Der okkulte Weg ist der Weg der Macht, und er benutzt das Wissen, das entweder für egoistische oder selbstlose Ziele erworben wurde. Der okkulte Weg muss daher gefahrvoll sein, denn die Versuchung ist groß. Ein Ritual der reinsten Art wird das Bewusstsein des Menschen auf eine Ebene geistiger Intuition emporheben. Es hebt also erst das Bewusstsein an, dann öffnet es das Zentrum der Intuition für das Einfließen geistiger Kräfte. Wenn ihr euch normalerweise zum Weg der Intuition hingezogen fühlt, wenn ihr spürt, dass die Intuition euch führt, dann folgt ihr dem mystischen Liebe-Weisheit-Strahl.

Wenn euer Verstand die Vorherrschaft hat, wenn ihr Wissen und gedankliche Erkenntnis wünscht und wissen wollt, wie die Kräfte, die ihr habt, genutzt werden können, dann wird euch der okkulte Weg am stärksten anziehen. Aber letztlich muss natürlich Harmonie zwischen Verstand und Herz herrschen. Der mystische Weg ist derjenige des Herzens und der okkulte der des Kopfes. Je weiter ihr auf dem einen oder anderen voranschreitet, kommt ihr schließlich an denselben Ort. Es macht also, soweit es das Endergebnis angeht, keinen Unterschied, welchen Pfad ihr wählt, denn am Ende verschmelzen alle Wege. Auf dem mystischen Weg lernt ihr schließlich all das, was ihr auf dem okkulten Weg gelernt hättet.

Das wahre Selbst und das äußere Leben

Die Bruderschaft im Geiste möchte, dass ihr wisst, dass es für euch notwendig ist, zwischen eurem inneren Selbst und eurem äußeren physischen Leben zu unterscheiden, denn die Unfähigkeit, das eine vom anderen zu trennen, ist allein verantwortlich für einen großen Teil der Verwirrung, der ihr euch gegenüberseht. Ihr müsst euer spirituelles Sein entwickeln, zuverlässig, nachdrücklich und entschlossen, während eines jeden Tages eures Lebens: zum einen durch die Übung der Meditation und zum anderen durch die beständige Übung der Liebe in eurem täglichen Leben. Angeheftet an das Körper-Selbst (das heißt an den physischen Körper, jedoch mit den gewohnheitsmäßigen Gedanken, Gefühlen und Instinkten) ist eine gewisse Form, welche als das Körper-Elemental erkennbar ist. Dies ist nichts Schlechtes; es hat seinen Platz in der Evolution, nicht nur der Menschen, sondern ebenfalls in der Evolution der niederen Formen des Lebens. Dieses Körper-Elemental ist bei den meisten Menschen sehr stark, und ihr müsst im Laufe eurer Entwicklung lernen, dass das höhere Selbst (welches bei den meisten nur teilweise sichtbar ist) vollkommene Herrschaft über das Körper-Elemental gewinnen muss. Die Heimat des „Ich" ist in dem himmlischen Körper, dem höchsten und reinsten Wesen eines Menschen; und das Gebot des „Ich" steigt herab zum Bewusstsein als die Intuition – etwas, was ihr manchmal *Gewissen* nennen könnt. Das Körper-Elemental unterstützt euch auch bei eurer Entwicklung. Für den Augenblick wollen wir ihn den Ballast nennen, der dafür sorgt, dass ihr fest auf der Erde verhaftet seid. Ihr alle fühlt diese Anziehungskraft, aber wir möchten euch ganz klar sagen, dass dies nicht für schlecht erachtet werden darf; denn durch die dadurch verursachten Gegenkräfte erhebt ihr euch allmählich über das niedere Selbst hinaus. Gerade die Anziehungskraft des Körper-Elementals erzwingt das

Wachstum des geistigen Bewusstseins oder des Gottesbewusstseins, das zu entfalten wir auf die Erde zurückkommen.

Der niedere ätherische Körper wird durchdrungen von einem feineren ätherischen Körper, den ich den Lichtkörper nennen werde, oder den Vitalkörper. Dieser Vitalkörper durchdringt auch die höheren Körper, den Mentalkörper, den Körper der Intuition und den himmlischen Körper. So bekommen wir eine Verbindung, einen Lichtfaden, der von der Christussphäre oder der Ebene des himmlischen Lebens hinabsteigt, hinab durch die verschiedenen Körper in den dichten ätherischen, wobei der Letztere die Brücke ist, welche die ganze Kette mit dem körperlichen Sinn oder dem Gehirn eines Menschen verbindet.

Wir finden eine Verbindung zwischen dem ätherischen Körper und gewissen Zentren im physischen Körper. Dies ist nicht nur eine Verbindung mit den Chakras, sondern mit dem Hauptlebensstrom im physischen Körper, der durch das Gehirn und das Rückenmark fließt. Die Zentren wiederum sind mit den verschiedenen Sphären oder Ebenen des geistigen Lebens verbunden.

Der Vitalkörper besteht nicht für sich allein, sondern ist eine Ausstrahlung des physischen Körpers. Er vergeht mit dem Tod des physischen Körpers, bis auf einen kleinen Teil, der hinauf in die höchste Aura gezogen wird – welche wir die himmlische Aura nennen werden. Durch ihren Kontakt mit der Erde hat diese Aura bestimmte

Erfahrungen aufgenommen. Diese gelernten Lektionen werden gespeichert, um in zukünftigen Entwicklungsphasen des Lebens genutzt zu werden, nicht notwendigerweise in der himmlischen Welt, vielmehr in zukünftigen Inkarnationen.

Nach dem ätherischen Körper ist als nächstes der Astralkörper sichtbar. Der Astralkörper, der Mentalkörper und der himmlische Körper bilden gemeinsam die Seele. Aber da gibt es noch etwas anderes – den Geist. Wir erklimmen damit noch höhere Ebenen.

Bemüht euch zu verstehen, was wir euch über diesen reinen Geist zu sagen versuchen. Ihr seid vertraut mit dem, was wir euch über die Heilige und Gesegnete Dreiheit berichten, die Heilige Dreiheit, Vater-Mutter-Christus, Vater, Mutter und Sohn Christus. Nun, wenn die Seele sich vervollkommnet hat, alle ihr möglichen Erfahrungen des physischen Lebens erworben hat, sodass sie bereit ist, voran in die Christus-Initiation zu gehen, erwartet sie dort eine wunderbare „Auferstehung". Der Christus in einem Menschen wird bewusst, regt sich, erwacht. Es war Christus selbst, der den Weg für die Menschheit ebnete; er nahm diese erste wundervolle Christus-Initiation auf sich, und Jesus war der große Eingeweihte für die Manifestation dieses Christus-Geistes. Jesus wurde der Gesalbte. Er beschritt den Weg, und er führte der Menschheit den Weg vor Augen. Er sagte: „Ich bin der Weg, die Wahrheit und das Leben." Jesus zeigte der Menschheit den Weg zum ewigen Leben. Jesus Christus war nicht der einzige Gesalbte. Aber er verdeutlichte wahrhaftig für jede Seele den Weg der Reinigung der Körper, aller Körper einschließlich des physischen. Manche Menschen glauben, dass die Menschheit von der errettenden Gnade Jesus Christus abhinge, und dass ohne die Kreuzigung Jesus Christus die Menschheit sich nicht selbst erretten kann! Das ist nicht so. Die Menschheit sucht nicht den äußeren Christus, außer als Beispiel und als Veranschaulichung. Der Mensch muss den inneren Christus finden, und das erfolgt mit seiner zweiten Geburt. Manche Menschen würden dies als den *zweiten Tod* bezeichnen; denn da wo Tod ist, muss Geburt sein; Tod in diesem Leben bedeutet Geburt in das geistige Leben.

Der sechste Sinn

Während wir uns der Beschreibung des sechsten Sinnes nähern, lasst uns zunächst das betrachten, was wir die acht Prinzipien des Lebens nennen. Da sind Erde, Luft, Feuer, Wasser, Äther, Verstand oder Intelligenz (die kontrollierende Kraft), die Seele (oder Individualisierung) und Intuition oder Geist. Nun gibt es bei fünf dieser Prinzipien eine Entsprechung oder Beziehung zu einem physischen Sinn. Wieder ist es so, dass der Mensch durch diese physischen Sinne den Weg zu den inneren Mysterien seines Seins öffnet.

Auf einer Ebene ist die Intuition (die unmittelbare Erkenntnis) ein sechster Sinn. Auf einer anderen Ebene ist sie das „Ich“ oder die Gottheit im Inneren, welche alles weiß. Ist die Gottheit im Inneren ausreichend entfaltet, dann ist sie allwissend und erkennt alle Dinge. Wenn ihr die Ebene der Intuition oder die Buddha-Ebene erreicht, seht ihr nicht nur mit dem Kopf, sondern auch mit den anderen Zentren. Das Herz-Zentrum beginnt zu strahlen, und ihr werdet euch der Wahrheit „bewusst“. Wenn ihr zu dieser Ebene gelangt, nehmt ihr wahrhaftig die geistigen Welten auf oder spiegelt sie wider. In diesem Stadium erfasst ihr alles mit dem gesamten Körper (nicht nur mit dem physischen Körper, sondern auch mit den höheren Körpern) und ihr könnt von jeder Ebene aus sehen. Tatsächlich sieht das gesamte Wesen. So betrachtet macht der sechste Sinn alle anderen Sinne überflüssig. Der sechste Sinn wird unaufhörlich weiterentwickelt, und in der Zukunft wird sein Gebrauch so selbstverständlich sein, wie der der anderen fünf. Unterdessen ist das Beleben oder das Erwecken des sechsten Sinnes ein großer Schritt vorwärts. Verschiedene Namen könnten dafür benutzt werden, aber wir denken, dass „Intuition“ der beste Ausdruck ist, um dieses Erwecken zu kosmischer Wahrheit zu beschreiben. Manchmal bezeichnen wir es auch als das innere Licht, das euch zu gewissen Handlungen und in eine bestimmte Denkrichtung zu führen scheint.

Mit der Entwicklung der Intuition sind es das Herz-Zentrum und das Stirn-Chakra und schließlich das Scheitel-Chakra (Kronen-Zentrum), die zu wirken beginnen. Die Intuition ist nur dann unfehlbar, wenn sie selbstlos ist, und der menschliche Geist sich auf den Großen Geist konzentriert. Das führt uns dazu, den Blick auf euer alltägliches Leben und eure mitmenschlichen Beziehungen zu richten, denn es ist euer Leben, es sind eure Beziehungen, es ist euer Verhalten untereinander und euer Verhalten in eurem eigenen Tempel, welche euch dazu befähigen werden, mit eurer Intuition zu arbeiten. Dies wird euch nicht nur in die Lage versetzen zu sehen, sondern auch das zu interpretieren, was ihr seht. Ihr werdet möglicherweise in höhere Welten hinaufgeleitet, werdet viele schöne Dinge sehen; aber wenn ihr kein spirituelles Verständnis habt, bleiben sie einfach Bilder und Figuren, nicht mehr.

Lasst uns nun über diese höheren mentalen Stadien der medialen Entwicklung nachdenken, bei denen, wie wir euch gesagt haben, die drei höheren Zentren oder Chakras benutzt werden. In eurer Meditation wird euch gelehrt, wie ihr diese Chakras zum Leben erweckt, wie ihr euer Bewusstsein für die reine Sphäre des Lebens, die der physischen Ebene weit überlegen ist, entfaltet. Bei der Entfaltung der Chakras und des höheren Verstandes lernt der Schüler, wie er den Kontakt auf korrekte Weise herstellt, ohne sich in Gefahr zu begeben.

Es gibt einen richtigen Weg, die inneren Fähigkeiten zu entfalten, den sechsten Sinn, der vom Herz-Zentrum aus wirkt. In der Meditation, in wahrer Kontemplation mit all dem, was heilig (das heißt gesund und rein) ist, öffnet ihr das Herz-Zentrum. Der sichere Weg und der korrekte Weg der geistigen Entfaltung besteht darin, vom Herzen der Liebe aus zu arbeiten. In der Meditation öffnet ihr auch das Kehl-Zentrum für reine Sprache und reines Wissen. Dieses kommt aus der fünften Sphäre, der Sphäre des Merkurs. Mit der Entfaltung des Kehl-Zentrums kommt die Inspiration für die Sprache. Diejenigen, die selbst Lehrende werden wollen, sollten dies beleben und durch Kopf und Kehle das göttliche Einströmen von Weisheit und Wissen empfangen, das sie weitergeben werden.

Ihr seht die Bedeutung der täglichen Meditation: die Vorbereitung auf den Tag, die euch in die Lage versetzt, zuerst zu denken, bevor ihr sprecht und handelt; die Wichtigkeit, das Temperament und die Emotionen zu beherrschen. Dies ist der Weg, meine Brüder, die Kräfte des klaren Sehens (Vision) und des klaren Hörens zu entwickeln. Ihr müsst mit aller Kraft Gottes in euch an der Liebe und den Eigenschaften des Christus-Geistes festhalten. Dann werdet ihr nicht getäuscht werden; dann wird euer Sehen und Hören präzise sein. Der sechste Sinn ist der erste, der euren Geist mit der physischen Ebene verbindet. Dies sollt ihr in eurer Entwicklung anstreben, die mit der Meditation beginnen muss.[5]

Mehr als nur Verstand

Die Meister lehren uns, dass wir uns schulen müssen, wenn wir dem Weg der Mysterien folgen wollen, sorgfältig zu denken, auf unsere Umgebung zu achten, Harmonie zu schaffen, präzise und peinlich genau in unserem Denken zu sein. Das ist die Grundlage, auf der das geistige Leben eines Menschen beruht. Die Kraft der Magie ist die Kraft, welche das Individuum in Gedanken einsetzen kann. In bescheidenem Maße lernt ihr, Weiße Magie zu benutzen. Jedoch ist möglicherweise die Entwicklung sogenannter medialer Fähigkeiten nur die Vorbereitung für das Erschließen geistiger Gaben oder der Kraft des Christus, die jeder Seele eigen ist. Diese Kraft wird im Laufe der Zeit die Herrschaft ausüben und alle Menschen zu einer großen allumfassenden Bruder-Schwesternschaft zusammenführen. Wenn diese große Versammlung die Erde bevölkert, werden sich die der Erde eigenen Schwingungen und physischen Gegebenheiten verändern. Sie werden feiner und vergeistigter werden. Ihr habt die Kraft, dazu beizutragen und von nun an zur Förderung der Menschheit auf der Erde zu arbeiten. Die meisten Menschen leben, als seien sie in einem kleinen

---

5 Dieser Abschnitt ist *Die Meister als Boten des Lichtes* entnommen, S. 125.

Gefängnis. Sie vertiefen sich in die Aufgabe, ihr tägliches Brot zu verdienen – ihre Nahrung und Kleidung und ihre Behausung – und ihren Körper zu schützen. Unwissenheit und Furcht halten sie gefangen. Aber der Menschheit sollen immer mehr Gelegenheiten gegeben werden, aus ihrem tiefen Schlaf im Materialismus zu erwachen. Es wird in diesem Zeitalter, dem neuen Zeitalter, ein großer Druck auf die Menschheit ausgeübt, oder es findet ein Ausgießen statt, durch die mentalen Schwingungen, durch die Macht der Gedanken, welche die höheren Zentren eures Bewusstseins, des höheren Verstandes, stimulieren. Die Heerscharen der Engel kommen der Menschheit sehr nahe und Strahlen der Wahrheit und des Lichtes strömen auf die menschlichen Wesen. Von nun an werdet ihr, und dies in jeder Beziehung, eine Wiederbelebung und Anregung der geistigen Fähigkeiten der Menschen feststellen. Der Materialismus wird nicht länger vorherrschen. Zeugnisse der spirituellen Kräfte werden in Literatur, Musik und Wissenschaft erkennbar werden.

Denkt daran, dass euer Verstand mehr ist als ein einfaches Werkzeug innerhalb des Gehirns; der Teil des Verstandes, der normalerweise auf der materiellen Ebene des Lebens funktioniert, ist ein sehr kleiner Teil. Ihr mögt durch Erfahrungen auf höheren Ebenen wandeln, in eurem Geist aber nur eine Belebung eures Bewusstseins wahrnehmen, eine neue Sensibilität oder ein

Gewahrwerden geistiger Kräfte. Es mag sein, dass ihr das nur in eurem Herzen und in eurem inneren Selbst wisst. Wird das geistige Selbst, das in direktem Kontakt mit der universellen geistigen Kraft und Macht steht, erleuchtet oder belebt, dann wird das Bewusstsein auf das Gefühl übertragen, auf die Intuition des Individuums, aber nicht immer auch auf das Gehirn.

Wir möchten euch führen und euch helfen, sehr stark zu sein und eurer Intuition (oder dem höheren Verstand, ein anderes Wort, das ihr für Intuition gebrauchen könnt) zu gestatten, jederzeit Meister über den irdischen Verstand zu sein. Der höhere Verstand wird niemals in die Irre führen. Wenn ihr beim Umgang mit allen Problemen, die sich euch in eurem irdischen Leben stellen, dem höheren Verstand treu sein werdet, wird euch eine richtige und weise Antwort zuteil werden, die euch in euren Entscheidungen führen wird.

Lasst uns für einen Augenblick über die Luft-Einweihung sprechen. Es heißt, dass Merkur der Götterbote ist. Es heißt auch, dass Merkur der Herrscher über die fünfte Welt, die Ebene des höheren Verstandes, ist. Merkur ist der Bote, der von den höheren Sphären her kommt, um der Menschheit Wahrheit zu bringen. Merkur ist auch der Herrscher der Zwillinge. Das Symbol der Zwillinge sind, wie ihr wisst, die himmlischen Zwillinge, die zwei uralten Pfeiler. Die Seele muss durch diese zwei Pfeiler hindurchschreiten in den Tempel der Einweihung. Sollen wir diese zwei Pfeiler Verstand und Intuition nennen? – den höheren Verstand, der sich im Hinterkopf befindet, und den vorderen Verstand, den Intellekt oder den irdischen Verstand. In der Luft-Einweihung muss der Novize sehr genau hinsehen und zwischen den beiden Pfeilern des höheren und des niederen Verstandes hindurchgehen, sodass vollkommene Ausgewogenheit herrscht, ehe er die Luft-Einweihung erringt.

Ihr alle erlebt den Widerstreit zwischen diesen beiden Bewusstseinsbereichen, diesen beiden Aspekten des Selbst. Möglicherweise besteht eure größte Schwierigkeit im Umgang mit den Argumenten des weltlichen Verstandes, da die Argumente oft so vernünftig und richtig klingen. Diese Anziehungskraft ist immer gegenwärtig. Erinnert ihr euch daran, wie der Meister während des Sturmes am See Genezareth die Wellen glättete und den Winden befahl, zur Ruhe zu kommen?[6] Er herrschte über die turbulenten Winde des niederen Verstandes, denn die Luft stellt das Bewusstsein in seiner Gesamtheit dar (nicht nur den einzelnen Aspekt; beide Aspekte werden durch Luft symbolisiert). Es ist von grundlegender Bedeutung, dass dieser irdische Verstand vorübergehend entmachtet ist und durch den Verstand der Intuition kontrolliert wird, den höheren Verstand, den Christus-Verstand, den Verstand des Geistes.

6 Markus 4,37-39

Fehler?

Während eure Intuition sich entfaltet, fühlt ihr vielleicht, dass ihr möglicherweise Fehler begeht, wenn ihr zwischen dem höheren Verstand und dem unteren oder äußeren Verstand unterscheidet. Wir alle machen Fehler im Vergleich mit den Größeren und Weiseren. Vom Standpunkt eurer Entwicklung her spielen Fehler allerdings keine Rolle. Sicherlich ist es richtig, bestrebt zu sein, die Intuition zu entwickeln. Stellt einfach sicher, dass die innere Stimme aus dem Herz-Zentrum der Weisheit kommt und nicht aus dem Selbst, das etwas möchte, dem Selbst des Begehrens. Oftmals kommt die Eingebung blitzartig; sie ist ein inneres Wissen. Entscheidend ist, den Mut zu haben, ihr gemäß zu handeln, auf das vorbereitet zu sein, was immer sie bringen mag. Dann kann die Intuition in der Meditation weiter entwickelt werden: nicht durch Aktivität des Verstandes, sondern durch ruhige Kontemplation im Heiligtum des Herzens.

Manche haben die Frage gestellt, ob es für jemanden möglich ist, einen größeren Fehler zu machen – die falsche Abzweigung zu nehmen, den vollkommen falschen Weg zu wählen. Das ist eine weitreichende Frage, die sorgfältig beantwortet werden muss. Wir denken nicht, dass die Seele bei einem größeren Ereignis, das die ganze Inkarnation beeinflusst, einen Fehler machen kann. Eine tiefe Ahnung wird die Seele drängen, einen bestimmten Weg einzuschlagen, und selbst wenn er für alle anderen falsch zu sein scheint, weiß die Seele unbewusst, dass sie diesen Weg beschreiten muss, denn das Karma leitet die Seele. Dies ist eine der großen Säulen in der Konstruktion des Tempels und die Seele könnte sich nicht falsch entscheiden. In kleinen Dingen wird jedoch mehr Spielraum gewährt.

Eine Seele mag der Annahme sein, dass sie die falsche Entscheidung getroffen hat, wenn sie eine Wahl in große Schwierigkeiten geführt hat. Wir glauben, ihr werdet feststellen, dass es nur der äußere Verstand ist, der so denkt, während der höhere Verstand es besser wissen wird. Wir beschäftigen uns nicht so sehr mit dem äußeren Verstand, als mit der Weiterentwicklung der Seele. Der äußere Verstand mag zu dem Schluss kommen, dass sogar mit der Führung aus der geistigen Welt ein Fehler gemacht wurde, aber der äußere Verstand versteht nicht alle geistigen Gesetze, die hinter dem Leben eines Menschen wirken; er zieht in eine andere Richtung. Im Falle irgendeines wichtigen Ereignisses ist eine starke Intuition am Werke, aber der äußere Verstand wird Einwände machen und sagen: „Mein gesunder Menschenverstand sagt mir, dass das falsch ist und nicht weise." Und dennoch zwingt etwas eine Seele vorwärts. Manchmal, wie ihr wisst, werden geringfügige Ereignisse – ein achtloses Wort, das Verpassen eines Zuges, die Auswahl eines

Buches – ein ganzes Leben verändern. Ihr werdet sagen: „Wäre da nicht dieses unbedeutende Ereignis gewesen, wäre mein ganzes Leben anders verlaufen!" Aber das unbedeutende Ereignis ist geschehen! Die Engel und Herren des Karma haben genau aufgepasst. Gott … hat seinen Engeln befohlen über dich zu wachen; … dass sie dich auf Händen tragen, und du deinen Fuß nicht an einen Stein stoßest.[7]

7 Lukas 4,11, zitiert Psalm 91,12

6

Der Zweck der Intuition

Eine schöpferische Atmosphäre

Wenn ihr an einen Ort kommt, an dem geistige Wahrheit gelehrt wird, sind viele von euch beeindruckt, allerdings nicht so sehr von dem, was am Rednerpult gesagt wird, als von dem Widerhall, den ihr in euch spürt. Ihr mögt es Atmosphäre nennen, aber ihr könnt es in eurer Seele fühlen. Ein derartiges Gefühl ist der wichtigste aller Sinne. Es wird gewöhnlich übersehen, denn die Menschen erkennen in ihm nicht den Beginn der Entwicklung eines sechsten Sinnes. Wenn ihr eine Atmosphäre wahrnehmt oder Liebe und Freundlichkeit um euch herum fühlt, berührt ihr den Einfluss einer unsichtbaren Welt oder reagiert auf ihn. Dieser zarte Sinn intuitiven Fühlens wird von nun an im neuen Zeitalter des Wassermanns entfaltet, und mit ihm wächst Bruderschaft – Brüderlichkeit.

Das Christentum ist eine Religion, in der die Gefühle angeregt werden. Sie werden benutzt, weil der Emotionalkörper ein Ausdrucksmittel ist, durch welches die höheren himmlischen Einflüsse einen Menschen erreichen können. Aber im Wassermann-Zeitalter wird es der höhere geistige Körper sein, der Körper der Intuition, der genutzt wird; und durch die Intuition wird ein neuer schöpferischer Geist die Menschheit erreichen. Ihr bereitet euch heute darauf vor. Menschen, die sich an irgendeiner Gruppe beteiligen, bei der das neue Zeitalter im Mittelpunkt steht, werden hierauf eingestimmt, und ebenso ist es mit dem Ort, an dem ihr euch versammelt. Ihr lasst einen Klang der Einstimmung ertönen, sodass die Kräfte der höheren Welten auf diesen Punkt gerichtet werden können, auf diese Gruppe von Menschen. Der Klang dieser Gruppen ertönt nicht nur auf der Erde, sondern auch auf der Astralebene. Er ist so beschaffen, dass er nicht nur auf die Menschen auf der Erde einwirkt, sondern auch auf diejenigen, welche die Inkarnation erwarten, diejenigen, die auf ihrem Weg zurück durch die Astralebene auf die Erde herabsteigen.

Vergangene Leben

Im Herzensverstand liegt die Saat all dessen, was vergangen ist, und all dessen, was ihr heute in euren physischen, Astral-, Mental- und himmlischen Körpern ansammelt – wirklich in jedem der sieben Körper eures

Seins[8] – all das wird in eurem Herzensverstand gespeichert, dort, wo die Erinnerung an die Vergangenheit ruht. Alles, was ihr heute tut, was einen so tiefen und nachhaltigen Eindruck in eurer Seele hinterlässt, wird morgen in euch leben, in eurem nächsten Leben.

Kosmische Weisheit kommt vom Herzensverstand und Erinnerung aus der fernen Vergangenheit. Diese Erinnerungen sind auch mit planetarischen Einflüssen verbunden. Planetarische Einflüsse, die auf die gegenwärtige Inkarnation gelenkt werden, haben ihre Wurzeln in der Vergangenheit und sind mit diesem wundervollen Verstand des Herzens verbunden. Gelegentlich, wenn ihr am Kaminfeuer sitzt, kann es sein, dass ihr in das Feuer schaut und wenn ihr euch darauf konzentriert, könnt ihr Symbole in den Flammen lesen. Wenn ihr diese Symbole interpretiert – nicht mit eurem Verstand, sondern durch Intuition und euren Geist – könnt ihr die Zukunft vorhersehen. Wir benutzen dieses Beispiel, um zu verdeutlichen, dass die Zukunft, die Vergangenheit, im Hier und Jetzt liegen, und von denen gelesen werden kann, die über visionäre Kraft verfügen.

Sicherlich kann die Erinnerung an vergangene Inkarnationen ins Gedächtnis zurückgerufen werden, wenn

8 White Eagle scheint Folgendes zu meinen: den physischen Körper, den Elementalkörper (der auch der Vitalkörper ist), den Astralkörper (der dem Emotionalkörper entspricht), den niederen Mentalkörper, den höheren Mentalkörper, den himmlischen Körper (der ebenfalls der Kausal-, Sonnen- oder Ewige Körper ist und das, was White Eagle später in diesem Kapitel den Tempel nennt) und den Geist.

die Seele sich bemüht, das höhere Bewusstsein außerhalb der Beschränkungen des physischen Gehirns zu erlangen. Bei vielen Menschen ist es einfach ein verschwommenes Gefühl. Es kann auch sein, dass die Seele sich an bestimmte Neigungen und Eigenschaften erinnert, die sie aus der Vergangenheit mitgebracht hat – eine Vorliebe für Stickerei aus China, für griechischen oder spanischen Tanz, für ägyptische Kunst. Irgendein kleiner Charakterzug mag eine Verbindung mit irgendeiner vergangenen Zivilisation verraten. Diese Erinnerungen kommen nicht über den irdischen Verstand, sondern eher durch das geistige Gehirn, das im Herzen begründet ist. Nur durch den Verstand im Herzen wird der Kontakt mit der Ewigkeit hergestellt.[9]

Ihr fragt: „Warum können wir uns nicht an unsere Vergangenheit erinnern? Welchen Beweis kannst du uns für die Theorie der Reinkarnation geben?" Geistige Dinge können nur auf geistige Weise bewiesen werden; niemand kann euch einen Beweis für Reinkarnation oder geistige Wahrheit geben. Der Beweis für Reinkarnation kann euch nur durch eure eigene Intuition kommen, durch eure eigene Erfahrung. „Warum können wir uns an die Vergangenheit nicht erinnern?", fragt ihr. Wartet, könnt ihr euch an die Zeit erinnern, als ihr zwei, drei oder vier Jahre alt wart? Ich habe gehört, wie eine Hellseherin Ereignisse beschrieb, die erfordern, dass ihr

9 Dieser Abschnitt stammt ebenfalls aus *Die Meister als Boten des Lichtes*, S. 113

vielleicht zehn oder fünfzehn Jahre zurückgeht, und ihr könnt euch noch nicht einmal an all das erinnern, was damals geschah. Vieles von dem ist ein unbeschriebenes Blatt; euer Gehirn weigert sich, es zu erfassen. Wie könnt ihr dann hoffen, euch durch den Organismus des physischen Gehirns an Inkarnationen zu erinnern, die Hunderte und Tausende von Jahren zurückliegen? Die Erinnerung ist einfach nicht in diesem physischen Gehirn vorhanden, nicht im Astralkörper, auch nicht im Mentalkörper, mit dem ihr euch bekleidet habt. Wenn ihr allerdings in dem höheren Körper (den manche den „Kausalkörper" nennen und den ich den „Tempel" nennen werde) leben könnt – wenn ihr dort wirkt –, wird euer inneres Sehvermögen geöffnet werden, und ihr werdet euch erinnern; denn ihr berührt denjenigen Geist, der das Lagerhaus aller Vergangenheit ist.

Der Suchende

Ägypten ist in unserer Vorstellung ein Land des Sonnenscheins und Lichtes; nicht nur des Lichtes der physischen Sonne, sondern des Lichtes des Geistes; denn im prähistorischen Ägypten war der Geist wahrhaft der Dolmetscher, nicht der Verstand … der Geist und die Intuition waren die Dolmetscher der größeren Geheimnisse des Lebens. Heutzutage erwacht eure Intuition und drängt euch, das Licht zu suchen. So groß ist dieser Wunsch, dass ihr hierhin und dorthin geht bei eurer Suche. Oftmals ist das Ergebnis vollständige Verwirrung, denn ihr begegnet bei eurer Suche so vielen Widersprüchen. Der Verstand ist gierig. Wie entzückt seid ihr über jede winzige Information, die wir euch über das Leben in Ägypten geben können! Ihr seid entzückt, wenn ihr etwas über eure eigenen Inkarnationen hört, ihr sehnt euch nach größerem Wissen über eure vergangenen Leben. Das alles ist bezeichnend.

Wenn ihr aus eurer Erfahrung heraus wahrhaft bereit seid, in den Spiegel eurer eigenen Seele zu blicken, werdet ihr genau sehen, wie angenehm – oder unangenehm – eure Vergangenheit war; und es bedarf einer starken und weisen Seele, der Wahrheit ins Auge blicken zu können. Die Schwierigkeit für eine Seele ist es, Tag für Tag in einer dunklen Welt zu leben und die Lektionen aufzunehmen, die das äußere Leben euch lehren soll. Es gibt keine Abkürzungen, um ins Land der Verheißung zu gelangen. Ihr mögt eine Leiter bekommen (so wollen wir den Intellekt für den Augenblick beschreiben) und auf ihr hinaufsteigen und einen verstohlenen Blick in das Land der Verheißung zu werfen und sehen, wie dort Milch und Honig überreich fließen. Es gibt viele Menschen, die genau dies tun. Sie blicken hinüber und meinen, sie wüssten Bescheid; sie glauben, sie hätten das Land der Verheißung erreicht. Aber das ist nur eine Illusion. Es gibt nur einen Weg, um das Land der Verheißung zu erreichen, und der ist, angemessen gekleidet zu sein, in ein

Gewand, das aus genau dem gleichen Stoff ist, wie das verheißene Land. Dies bedeutet, dass die Seele das Land der Verheißung nur kennenlernen kann, indem sie dort zum Bewohner wird, indem sie geduldig und glücklich lebt und niemals das leitende Licht aus den Augen verliert, niemals zulässt, dass das Licht im Herzen erlischt. Auf diese Weise kann auch die einfachste Seele – eigentlich ein Kind – dort eintreten.

Würdet ihr unserer Führung folgen, dann würdet ihr nicht versuchen, eure vergangenen Inkarnationen zu finden; denn wenn ihr das tut, könntet ihr einen Schock bekommen. Solange ihr nicht in der Lage seid, die Erinnerung auszuhalten, raten wir euch ernsthaft, die Tür verschlossen zu halten. Es gibt viele, die glauben, sie würden ihre Vergangenheit kennen. Es ist wahr, dass die Geisteskraft in der Menschheit gekräftigt wird, und bei vielen ist das Bewusstsein oder ihre Erinnerung schon lebendig. Ihr könnt über vergangene Leben nichts durch den niederen Mentalkörper herausfinden, den ihr ja bereits benutzen müsst, wenn ihr etwas ergründen wollt! Wenn ihr die Buddha-Ebene oder die Ebene des reinen Geistes berühren könnt, so werdet ihr dort die Erinnerung und den Speicher finden.

Manchmal mögt ihr des Nachts zur Halle der Aufzeichnungen geführt werden, und in den Augenblicken unmittelbar nach dem Aufwachen kann es sein, dass ihr eine vage Erinnerung zurückbringt, so wie es in einem

Traum geschieht. Beachtet die Augenblicke eures Erinnerns. Aber ihr müsst schnell sein, denn nachdem ihr erwacht seid, ist es im Nu vergessen. Es ist gut einzuschlafen, während ihr über das göttliche Licht meditiert, denn dann geht ihr vielleicht dorthin, wo ihr einen kurzen Einblick in die Vergangenheit erhaschen dürft.

Es kann dieses Gewahrwerden des Lichtes, oder das Licht selbst sein, welches das Verständnis wiederherstellen und Erinnerungen an vergangene Leben zurückbringen wird. Aber sie werden nicht durch das Kopf-Zentrum kommen. Solche Erinnerungen quellen aus dem Verstand im Herzen hervor. Im Herz-Zentrum liegt die immer weiter wachsende Perle mit den Erinnerungen vergangener Inkarnationen. Sie enthält Erinnerungen vergangener Leben – vergangenen Versagens, vergangener Triumphe, sogar Eigenschaften, die Teile der Seele wurden. Die Seele ist wie ein heiliges Gebilde und ihre Erinnerungen sind ewig.

Ein Gespür für den Hauptstrahl, unter dem ihr arbeitet

Wie könnt ihr wissen, welcher euer besonderer Strahl ist? Wieder kommen wir zurück zu demselben Leitstern – zur Intuition. Begebt euch unter die Schichten des äußeren Selbst und fühlt das innere Selbst, das wahrhaft den Widerhall von einem der sieben Strahlen ausdrücken wird.

Hört darauf. Wenn ihr eure Handlungen und Ideale prüft, bestätigen diese vielleicht, was eure Intuition sagt. Wozu fühlt ihr euch hingezogen, was möchtet ihr tun? Wollt ihr heilen, wollt ihr Liebe verströmen, wollt ihr mit anderen teilen? Seid ihr erfüllt von einem Gefühl der Bruderschaft mit allem Leben? Dies ist der Strahl der Nächstenliebe. Ist es eure Neigung, zu meditieren und zu beten, euch Gott zuzuwenden – fühlt ihr das? Dann müssen wir annehmen, dass der Sechste Strahl der eure ist. Habt ihr einen Verstand, der beweisen und planen will, wollt ihr für alles im Leben einen genauen Beweis finden? Dann ist der Fünfte Strahl am Werke, der Strahl der Wissenschaft. Interessiert euch der Symbolismus Ägyptens als eine Methode der Annäherung an Gott –, dann ist es wahrscheinlich der Vierte Strahl, der eure Arbeit führt und inspiriert. Dennoch gibt es viele kleine Unterstrahlen, und allein eure eigene Intuition und euer Gespür werden euch helfen, den Hauptstrahl zu verstehen, der euch anzieht.

Es mag auch sein, als wären bei einer jungen Seele die Merkmale eines einzelnen Strahls überentwickelt. Das kann so nicht geschehen; wir wollen es umdrehen. Wenn, sagen wir einmal, eine Persönlichkeit des Ersten Strahles sich als sehr beherrschend erweist, so bedeutet das nicht, dass dieser Mensch sich ändern sollte, dass diese besonderen Qualitäten nicht an sich gut seien; es bedeutet vielmehr, dass andere Qualitäten noch nicht ausreichend entfaltet sind, um jene des Ersten Strahles auszugleichen. Wir müssen zu vollkommenem Gleichgewicht finden. Auch wenn im Charakter eine besondere Eigenschaft vorherrscht, muss der Einfluss eines jeden Strahles damit harmonisch verbunden werden, um vollkommenen Einklang zu ermöglichen. Dementsprechend geht ihr durch drei größere Initiationen, während ihr vorwärts schreitet. Aber es gibt viele kleinere, die bei jeder Seele unterschiedlich gestaltet sind. Eine Seele wird vielleicht in einer Einweihung so viel erreichen, wie eine andere in mehreren. Aber wir sagen euch, dass wir von drei großen Einweihungen erfahren haben, die jede Seele eines Tages bestehen muss. Es ist euch möglich, zu erkennen, durch welche Initiationen ihr gegangen seid, aber das wird nur durch eure unmittelbare Erkenntnis auf der Buddha-Ebene geschehen.

Anderen helfen

Im Gegensatz zu dem, was ihr vielleicht als unsere Lehre versteht, hat auch der materialistisch denkende Mensch seinen Platz im großen Plan der Evolution. Er bringt der Menschheit eine Stärke, eine treibende Kraft, die schließlich die Öffnung des höheren Verstandes bewirkt; denn aus diesem unwiderstehlichen Hunger heraus wird ein anderer Drang geboren: der nach Liebe … Liebe, mit etwas in Berührung zu kommen, was der Mensch noch nicht versteht, aber trotzdem fühlt; etwas, von dem seine

Seele durch eine langsam wachsende Intuition weiß, dass er es braucht; etwas, mit dem er verwandt ist, etwas, was diesem starken Bedürfnis nach Liebe in ihm entspricht. Dieser Mensch wünscht nicht immer zu lieben, Liebe zu schenken; er wünscht aber, geliebt zu werden. Aus dieser unterdrückten Flamme in uns allen wird der Wunsch geboren, das zu verstehen, was unsichtbar ist, aber dennoch gespürt und gefühlt werden kann. Der Verstand sagt euch, wenn ihr hinausseht auf einen erwachenden Frühling, wenn ihr sanfter und großartiger Musik lauscht, wenn ihr einen Sonnenuntergang bewundert oder das Funkeln einer sternklaren Nacht, dass hinter diesen Manifestationen der Schönheit eine Kraft walten muss … vielleicht ein Verstand, ein Intellekt, der alles verursacht hat; und diese Kraft schlägt einen harmonischen Klang in eurer Brust an. Denn nicht nur die Schönheit von Farbe und Form, die Majestät der Natur, sondern eine unsichtbare Schwingung hinter der physischen Erscheinung bringt eurer Seele Harmonie. Manchen Menschen ist auf diese Weise bewusst geworden, dass etwas existiert, das als „geistige Welt" bezeichnet wird.

Lasst uns keine Seele aufgrund ihrer Einfachheit oder scheinbaren Unwissenheit auf der äußeren Ebene beurteilen. Die Jünger, die sich versammelten, um die frühe christliche Kirche zu begründen, die kleine Bruderschaft, die zu Beginn bestand, waren entwickelte Seelen. Sie hatten jene höheren Körper, von denen wir sprachen, zur Wirksamkeit gebracht, den intuitiven und den geistigen – also die himmlischen Körper. Es waren ihnen bestimmte Formen und Zeremonien offenbart worden, die sie in Berührung brachten mit einem Vorratsspeicher der Kraft, der Weisheit und der Liebe, der auf den höheren Ebenen des Lebens zum Zwecke der Verteilung an die Menschheit erzeugt worden war, um den Menschen auf dem Weg der Evolution zu dienen.

Wisst ihr, was der Welt so sehr fehlt? Es ist die Vorstellungskraft. Phantasie ist visionär, und sie ist eine schöpferische Kraft. Da, wo es keine Vision gibt, gehen die Menschen zugrunde, wie ihr aus der Bibel wisst.[10] Die Menschheit versagt. Wenn ihr die Gabe der Phantasie entwickelt, könnt ihr euch in das Herz eures Bruders oder eurer Schwester versetzen. Sobald diese schöpferische Kraft, dieses Licht, in euch zu wachsen beginnt, breitet es durch alle Formen des Lebens hindurch seine Fühler aus, wie kleine feine Fäden. Mit der Zeit werdet ihr diese Art des Fühlens entwickeln – diese Art des Fühlens durch eure Vorstellungskraft und durch euren Wunsch zu dienen. Haltet euch vor Augen, wie wichtig die Gefühle sind; denn mithilfe des Fühlens entwickelt ihr den Christus in euch. Schämt euch eurer Gefühle nicht. Sie sind die Fingerzeige, die Wegweiser, die euch auf dem Pfad des Lichtes leiten.

Wenn euer Herz-Zentrum sich in Liebe und Freund-

10 Sprüche 29,18

lichkeit aller Kreatur gegenüber öffnet, beginnt es zu wachsen und sich auszudehnen und kann von Hellsichtigen als ein strahlendes Licht wahrgenommen werden. Liebt Gott getreulich, und dieses Licht wird zunehmend heller werden. Durch die Kraft dieses Lichtes können Wunder vollbracht, Heilungen vollzogen werden, und es wird alle spirituelle Schönheit des Lebens offenbar. Die Entwicklung dieser Art von Sonnenlicht in eurem eigenen Sein befähigt euch, das zu entwickeln, was gemeinhin Hellsichtigkeit oder klare Vision genannt wird. Die klare Vision steht für ein inneres Wissen. Wenn ihr dieses besitzt, kennt ihr die Wahrheit; ihr erkennt die Liebe in euren Brüdern. Ihr versteht auch die Bedürfnisse ihrer Seele. Wenn ihr das Licht in euch nicht entwickelt habt, seid ihr oft taub und blind für die Bedürfnisse eures Bruders oder eurer Schwester und für das Sehnen in ihren Herzen. Mit klarer Vision besitzt ihr eine innere Erkenntnis der Wahrheit, nicht nur, was die Menschheit angeht, sondern auch hinsichtlich der Schriften der großen Religionen. Ihr gelangt geradewegs zum Ziel. Ihr seid geradlinig in all eurem Handeln, seid euch aber auch eines jeden Schmerzes bewusst, den euer Bruder oder eure Schwester vielleicht fühlt, und so seid ihr vorsichtig und sanft in Wort und Tat.

Erweitertes Bewusstsein

Wenn in ferner Vergangenheit die Menschen in den inneren „Schulen der Weisheit" geistig erweckt wurden, besaßen sie ein Wissen, das ihnen von ihren Lehrern weitergegeben worden war. Sie wussten um eine geistige Macht, einen sie leitenden Einfluss. In der Tat, sie beteten die Sonne an; nicht nur, weil sie die Lebensspenderin des physischen Lebens war, sondern weil sie jenseits und hinter der physischen Erscheinung eine geistige Macht sahen. Sie erkannten den wahren Ursprung der Sonne. Die Sonnenanbeter waren weder Heiden noch Götzenanbeter, sondern sie kannten die geistige Bedeutung dieser physischen Darstellung des Lichtes, die Erleuchtung, den Quell des Lebens.

Ihr wisst, dass ihr in einer Welt des Geistes lebt. Wenn ihr von dieser Wahrheit nicht überzeugt werden müsst, so ist der Grund dafür nicht, dass ihr den Beweis für die Existenz nicht inkarnierter Wesen erhalten habt, die auf der Astralebene leben, sondern weil ihr eins seid mit der geistigen Welt. Euer Herz oder eure Intuition leiten euch. Der Verstand spielt sicherlich eine Rolle in euren Folgerungen, in euren Überlegungen, aber die Wahrheit ertönt in euch.

Wir möchten, dass ihr euch die Seele so denkt, dass sie sich auf dem Weg des Geistes, auf dem Weg des Christuswesens entfaltet, bis sie eins wird mit der Macht von Vater-Mutter, bis sie alle Erleuchtung und alle Herrlichkeit besitzt. Wenn ihrem Einfluss keine Beschränkungen mehr gesetzt sind, wird sie ein wirklich schöpferisches Zentrum oder eine Sonne. Ist es möglich, dass der begrenzte Verstand dies erfasst? Ist es möglich, die innere Bedeutung dieser Wahrheit in Worte zu fassen?

Wir können die Vorstellung nicht in Worte kleiden, aber eure Intuition muss dem Weg durch den Christus zur Sonne folgen und, wenn sie es kann, die Herrlichkeit dieses Zentrums des Lebens und der Erleuchtung verstehen. Dann erst werdet ihr beginnen, einen Blick davon zu erhaschen, was vor euch als Seele liegt. Auf Erden scheint euer Leben so unendlich klein zu sein, Ameisen gleich, und dennoch voll von unendlichen Möglichkeiten.

Teil 2

Die Entwicklung der Intuition

7

Eine höhere Macht anerkennen

Lernen zu vertrauen

In der Vergangenheit gab es sogenannte Mysterienschulen, in denen den Schülern das innere Leben enthüllt wurde. Die Schulen waren besonders in Ägypten und später in Griechenland weit verbreitet; und der große Eingeweihte Pythagoras zog viele aufstrebende Seelen in seine Schule. Er lehrte seine Schüler durch Zeichen und Symbole und mithilfe der Prinzipien von Mathematik, Musik, Schwingung und Farbe. Er lehrte über die Harmonie der Sphären. Ein Schüler muss durch tiefes Nachdenken über Gott lernen, durch Meditation und die nachdenkliche Betrachtung allen Lebens, aller Natur; und durch geistige Offenbarung muss er lernen, die Weisheit Gottes zu erfassen.

Würdet ihr heute über diese Dinge zu den Menschen auf der Straße sprechen, würden sie glauben, ihr seid ein wenig verrückt, und würden wohl sogar sagen, dass es gefährlich sei, darüber nachzudenken. Warum halten

Menschen diese Dinge für gefährlich? Weil sie instinktiv wissen, dass darin eine unbekannte Kraft liegt. Es kann sicherlich gefährlich sein, mit Feuer oder Elektrizität oder Atomenergie nachlässig umzugehen, aber wir erinnern uns auch daran, dass diese Offenbarungen der Geheimnisse der Natur Gottes Gaben an die Menschheit sind, und die Absicht besteht darin, diese Geheimnisse zu entschleiern, damit ihr mit ihnen gefahrlos umgehen könnt. Hätten die Menschen sich geweigert, sich mit der ihnen unbekannten Macht der Elektrizität zu beschäftigen, würdet ihr heute in einer ganz anderen Welt leben. Es ist richtig, euer Wissen zu erweitern, aber ihr müsst dies mit Sorgfalt tun und weise vorgehen.

Folglich war es so, dass die Mysterienschulen die Schüler lehrten, schrittweise, sehr weise und langsam vorwärts zu gehen, und vor jedem Schritt mussten sie eine Prüfung bestehen. Jede Stufe war eine Form der Einweihung. Niemals wurde den Schülern gestattet, vorwärts zu stürzen; und wenn sie es taten, trafen sie auf klaren Widerstand. Es ist durchaus gut, begierig nach Wissen zu sein, aber Geduld und Vorsicht müssen den Schüler auf dem Weg begleiten. Das Gegenteil kann viel Schaden und Leid verursachen. Gleichzeitig dürft ihr nicht trödeln, wenn die innere Stimme euch sanft vorandrängt. Ihr wisst, dass diese geistigen Kräfte in euch selbst schlummern. Es gibt immer eine intuitive Macht, die euch sagt, dass ihr Geist seid, und dass es unbekannte, unerprobte, unentwickelte Kräfte in euch gibt. Das Vertrauen in diese innere Stimme und der Glaube an sie wird euch Beständigkeit und Hilfsbereitschaft beweisen, während ihr den Weg der spirituellen Entfaltung und des Dienens geht.

In den ägyptischen Mysterien wurde der Schüler durch Zeremonien geführt, die symbolisch für bestimmte Seelenerfahrungen waren. In den Tempeln gab es unterirdische Gänge, durch welche die Kandidaten gehen mussten. Sie symbolisierten die Reise der Seele durch die Traurigkeit und Dunkelheit des physischen Lebens. Viele, viele von uns gehen gerade jetzt diesen Pfad der Bewährung; und wir finden es hart, nicht wahr? So viele dunkle Ecken gibt es, so viele unerwartete Biegungen, und wir wissen nicht, wohin wir gehen. Manchmal scheinen uns sogar unsere Führer mit dem zu verwirren, was sie uns sagen. Es bleibt nur eines zu tun, und wir möchten, dass ihr dies auf euer gegenwärtiges materielles und geistiges Leben anwendet: Schreitet unermüdlich weiter, und wisset, dass euer Herz voll und ganz in Gottes Obhut ist. Ihr sagt: „Wenn ich nur die geistigen Wesen sehen könnte, das würde mir helfen." Ihr glaubt, ihr könntet nicht sehen; ihr könntet nicht hören; ihr glaubt, ihr geht allein.

Die Prüfung von früher ist noch immer die Prüfung von heute. Diese Prüfungen im Rahmen der Einweihung messen das Vertrauen des Kandidaten in Gottes Liebe … nichts anderes! Ihr geht den Weg, seid vielleicht verwirrt, andere misstrauen oder verkennen euch … ihr seid eventuell selbst traurig über ein Versagen, das ihr als solches erkennt, und beunruhigt über viele Probleme und Kümmernisse. Wenn ihr die Tore der ersten Einweihung durchschreiten wollt (obwohl sie für euch vielleicht nicht die erste ist), werdet ihr gründlich auf euer absolutes Vertrauen in Gottes Liebe geprüft. Ihr müsst fühlen, dass Gott gut ist, und dass alles, was auch immer kommen mag, euch zu einem größeren Verständnis Seiner/Ihrer Liebe führen wird. Wenn dieser Gedanke so fest verwurzelt ist, dass nichts ihn erschüttern kann, nichts eure Vision trüben kann, dann werdet ihr mit leuchtenden Augen in das Land des Lichtes schreiten. Ihr werdet durch diese besondere Initiation gehen, und eine Erweiterung des Bewusstseins oder ein besseres Verständnis Gottes wird euch zuteil werden. Das ist der ganze Zweck des Lebens …, dass ein Mensch sich Gottes Liebe überlässt und den Vater als den höchsten Geist anerkennt; sich zu der Mutter bekennt, der Spenderin alles Guten.

Wenn euch aber materielle Probleme beunruhigen und ihr gerne mit euren geistigen Brüdern sprechen möchtet, dann tretet ein in die Stille und betet auf diese Weise: „…*Gottes Liebe möge in meinem Herzen sein.*" Nicht, dass Gott euch führen *soll*, Gott *wird* euch führen. Wenn ihr wisst, dass Er/Sie euch leiten wird und ihr auf Gott vertraut, kann Gott euch nicht enttäuschen. Er/Sie führt euch bereits.

Wir möchten nun für einen Augenblick ein anderes Thema ansprechen und darauf hinweisen, dass die Wahrheit der christlichen Lehre, die nun jedem so vertraut ist, vielleicht ihre Kraft durch die ständige Wiederholung verloren hat. Traditionellen Lesern der Heiligen Schrift entgeht oft deren esoterische Bedeutung. Sie werden sagen: „Ja, wir wissen, dass Christus sagte, *Liebet einander.*" Sie meinen, sie werden lediglich gebeten, nur da anständig und freundlich zu sein, wo es leicht fällt, liebevoll und freundlich zu sein. Aber sollten diese Menschen auf ein großes Problem stoßen, das mit dieser Wahrheit zutiefst verbunden ist, dann sagen sie: „Oh ja, Christi Lehre ist schon sehr gut; aber wir leben in dieser Welt, die uns zwingt, uns so zu verhalten, wie es die Welt erwartet. Man kann Leuten nicht erlauben, auf einem herumzutrampeln; man muss für seine Rechte einstehen."

Ist das der Weg, die Wahrheit und das Leben? Ist das wirklich Christi Lehre? Warum können die Menschen diesen Grundsatz nicht in die Tat umsetzen? *Weil sie Angst haben, der Macht der Liebe zu vertrauen.* Dennoch, Liebe ist die treibende Kraft, die das Leben in die Welt brachte. Würde diese Liebe ihrer Manifestation auf der Erde entzogen, wäre der Tod die Folge.

Aus diesen vielen Beispielen werdet ihr folgern, dass die große und fortgeschrittene Seele an dem inneren Wissen festhalten wird, dass Gott gut ist. Gott sucht aus Liebe Seine/Ihre Kinder mit scheinbaren Leiden heim, da die Seele nur durch diese Ereignisse an Stärke gewinnen kann, nur durch diese Erfahrungen kann die Seele lernen, standhaft zu sein.

Meine Brüder und Schwestern, während wir sprechen, könnt ihr spüren, wie euch innere Gelassenheit überkommt – eine innere Stärke, die euch mit dem größten Mut erfüllt. Ihr wisst, dass nichts, *nichts*, die Kraft hat, diese ewige Liebe zu zerstören, diese lebendige Flamme im Inneren. Nichts ist von Bedeutung, buchstäblich *nichts* spielt eine Rolle, solange ihr Gott oder Christus in euch gewahr seid.

Meditation und Vertrauen

Aber für jeden von euch gilt es viel zu bewältigen. Wenn ihr zum Beispiel auf dem geistigen Weg voranschreitet, erhöht sich auch eure Feinfühligkeit; das Nervensystem wird sehr sensibel. Ihr wandelt auf einem sehr schmalen Pfad. Auf der einen Seite müsst ihr diese Sensibilität entwickeln; denn sie ist die Eigenschaft, die euch befähigt, himmlische Führung, Trost und Hilfe in eurem täglichen Leben zu empfangen. Auf der anderen Seite müsst ihr auch diese innere Gotteskraft entwickeln, die Ruhe und Gelassenheit bringt. Diese Gotteskraft ist die Liebe. Die Seele, die wahre Liebe entwickelt hat, erlangt Weisheit. Die Seele, die Ruhe und Gelassenheit entwickelt, erlangt die Eigenschaft göttlichen Friedens. Wenn die Seele diese Sphäre der Ruhe berühren kann, welche das Geschenk der Demut mit sich bringt, dann werden ihre Augen geöffnet, und sie sieht weit über die Beschränkungen des gewöhnlichen physischen Verstandes hinaus.

Um also geistige Wahrheiten und ein göttliches Gesetz zu verstehen, muss der Mensch sich bemühen, der Führung seines inneren Lichtes zu folgen. Er muss nicht nur dem Gott in seinem Inneren gehorchen, sondern er muss dieser Stimme auch vertrauen; muss sogar den Glauben bewahren, wenn er aufgrund der Erfahrungen, die kommen, manchmal beunruhigt ist. Die Menschheit braucht den Glauben an die Stimme Gottes im Inneren und den Gehorsam ihr gegenüber, und ihr müsst auf dieses göttliche, euch leitende Licht vertrauen, das durch euch wirkt. Wenn ihr diese Tugenden erworben habt, stellt ihr mit eurem irdischen Verstand nicht länger die Weisheit der göttlichen Gesetze infrage. Ihr seid dann in der Lage, euch der Liebe Gottes zu übergeben. Ihr seid fähig, zu akzeptieren, hinzunehmen, *anzunehmen.*

Dagegen wird der irdische Verstand sich wieder aufbäumen und sagen: „Aber sicherlich sollte ich nichts akzeptieren, was meiner Vernunft widerstrebt. Gott hat mir diesen Verstand gegeben.“ Wie wahr! Aber der wahre Verstand, die wirkliche Urteilskraft in einem Menschen kann immer durch geistiges Licht zufriedengestellt werden. Wenn das Licht in eurem Herzen dämmert, wenn ihr durch eure eigene Erfahrung nahe an das Herz Gottes oder des Meisters gezogen worden seid, dann seht und wisst ihr. Dann braucht ihr keine Bücher mehr, die euch das sagen, auch niemanden, der zu euch spricht, wie wir zu euch sprechen. Allein eure Erfahrung in der Meditation oder in einem Zustand der Versenkung oder des Gebetes vermittelt euch etwas, das niemals beschrieben werden kann; aber in dieser Erfahrung, in der engen Verbindung mit eurem Schöpfer, kennt ihr die Wahrheit.

Wenn ihr euch auf eine Reise in ein fernes Land begebt, werdet ihr gewöhnlich einige Anstrengungen unternehmen, soviel wie möglich über dieses Land herauszufinden. Ihr werdet euch wahrscheinlich Landkarten und Reiseführer verschaffen. Diese werden euch helfen, indem sie euch hilfreiche Anleitungen geben, wie ihr euren Bestimmungsort erreicht, und das Land beschreiben, in das ihr reist. Darüber hinaus können sie nichts tun. Sie können euch nicht mit einem Transportmittel versehen; sie können euch die Reise nicht abnehmen. Ihr müsst selbst reisen, selbst die Erfahrung machen; und durch diese Erfahrung lernt ihr sehr viel mehr, als ihr jemals lernen könnt, wenn ihr Landkarten und Reiseführer lest. Wir versuchen euch Folgendes deutlich zu machen: Wenn euer Geist belebt wurde und ihr wisst, dass ihr von weither gekommen seid und euch auf eine lange Reise begeben habt, dann seid ihr bereit, all die Schönheit kennenzulernen, die vor euch und um euch herum ausgebreitet wurde. Ihr seid in der Lage, die Freude an eurem physischen Zustand kennenzulernen; ihr seid in der Lage, bei klarem Bewusstsein die göttlichen Lebenskräfte einzuatmen. Ihr müsst jede Einzelheit eures Lebens mit all euren Sinnen erfahren – mit euren physischen, euren mentalen und euren geistigen Sinnen.

Eine der großen Hilfen während eurer Reise auf der Suche nach Gott (und das ist der Sinn dieses Lebens) ist die Meditation. Bücher werden euch nicht dorthin bringen, obwohl sie den Weg weisen können; Worte werden euch nicht dorthin bringen. Ihr müsst die Reise allein unternehmen. Ihr müsst diese höheren Ebenen des Bewusstseins selber erfahren, die Wirklichkeit der inneren Welt. Dies kann für euch mit der Übung der Meditation beginnen. Bei eurem ersten Kontakt mit dem allumfassenden Leben durch die Meditation geschieht etwas mit euch, was niemals vorher geschah.

Viele von euch waren zu Beginn ihrer Meditationserfahrungen enttäuscht und hatten das Gefühl, nichts zu erreichen. Ihr habt nichts gesehen; ihr habt nichts gehört; es war einfach so, als säßet ihr im Dunkeln – aber nicht ganz, denn gelegentlich habt ihr vielleicht eine Farbe gesehen oder euch vorgestellt; oder ihr hattet vielleicht eine Einsicht, habt euch aber selbst nicht vertraut. Ihr sagtet: „Oh, ich denke nicht, dass das wahr war; ich habe es mir nur eingebildet." Aber ihr müsst euch daran erinnern, dass geistige Wahrheit und Bewusstheit die größten Gaben Gottes an die Menschheit sind, und so müssen diese

Gaben geduldig gesucht werden. Wäre es leicht, diesen Zustand nicht zu beschreibender Freude zu finden, nun, dann wäre alle Welt bereits dort.

Hier ist ein Gedanke für euch: In eurer Meditation, in der Ruhe, seid ihr allein … mit Gott.

8

Stufen der Entwicklung

Die Entwicklung von Körper, Seele und Geist

Auf dem Weg der geistigen Entfaltung müssen wir drei Pfade unterscheiden, die im Wesentlichen aufeinander folgen, sich aber dennoch zeitweilig überschneiden. Zunächst kommt die Schulung und Vorbereitung des physischen Körpers; dann die Schulung und Vorbereitung der Seele; und schließlich die Schulung, die Disziplin und das Erwecken des Geistes.

Prüfungen

Sobald wir einmal an dem Abschnitt des Pfades angekommen sind, an dem die Einweihung beginnt, werden wir in Vorbereitung auf diese Initiation in jeder dieser Ebenen – Körper, Seele und Geist – auf Prüfungen stoßen. Wir raten immer zu Mäßigung und sanfter Entfaltung, aber es gibt einige Wahrheiten, die wir für unsere Schulung zur Initiation beachten müssen.

Die Grundstoffe, aus denen sich der Körper zusammensetzt, müssen gereinigt werden, wenn die Seele und der Geist belebt werden sollen, um Eindrücke und Eingebung aus ihrem wahren Zuhause zu empfangen. Wenn der Körper durch die Befriedigung animalischer Begierden vergröbert ist, bildet eine solche Vergröberung ein Hindernis und die Ausdehnung der Seele und die Erleuchtung des Verstandes durch den Geist ist nicht mehr gegeben. Die Einstellung des Verstandes gegenüber der Nahrung sollte von Dankbarkeit für den Segen reiner Nahrung geprägt sein. Der gesunde Menschenverstand muss zur Geltung gebracht werden. Zwingt den Körper nie, sich der Nahrung zu enthalten, die vielleicht im Augenblick für eine anstehende besondere Aufgabe notwendig ist. So sind zum Beispiel viele Menschen gezwungen, ein hartes Leben zu führen. Wenn sie physisch sehr schwer arbeiten, braucht ihr Körper eine Nahrung, die anders ist, als diejenige der Menschen, die in der Lage sind, auszuwählen was sie tun, und die Schwingungen auszuwählen, mit denen sie sich umgeben. Wenn das Leben hart und rau ist, werden die Schwierigkeiten mit einer bestimmten Absicht bereitet, und das bedeutet, dass durch solche Bedingungen Lektionen gelernt werden müssen. Die Seele, die auf dem Pfad emporstrebt, akzeptiert diese Bedingungen, die sie für ihre Entwicklung als notwendig erkennt. Andererseits müssen wir uns daran erinnern, dass der physische Körper der Tempel ist, der den Heiligen Geist beherbergt.

Während die Seele sich entwickelt und ihre Schwingungen feiner werden, treffen wir auf die erste und vielleicht größte Prüfung – die der Gelassenheit. Die Seele ist von Natur aus gefühlsbetont und wird leicht durch belanglose Dinge ungehalten, aufgeregt und verletzt. Gelassenheit ist, so denken wir, eine der wichtigsten Lektionen und dies ist eine Feststellung, die immer und immer wiederholt werden muss. Die Seele muss lernen, im Gleichgewicht zu bleiben und nicht ungebührlich erregt zu werden. Geratet nicht in Wut, weil euch irgendetwas nicht gefällt oder weil euch jemand verletzt hat. Gebt euch nicht der Niedergeschlagenheit hin, wenn die Dinge falsch laufen, sondern bemüht euch, eine gleichmäßige und ruhige Schwingung zu erlangen und beizubehalten.

Viele andere subtile Lektionen sind zu erwarten, um diejenigen zu prüfen und zu erproben, die sich daran gemacht haben, auf dem Pfad emporzustreben. Ihr werdet geprüft, wie ihr mit Furcht umgeht. Auch wird eure Unterscheidungsfähigkeit auf die Probe gestellt, und während ihr alle dem Pfad folgt, stolpern an dieser Stelle tatsächlich viele von euch. Ihr stellt fest, dass ihr nicht zwischen Gut und Böse unterscheiden könnt, zwischen dem Falschen und dem Wahren. In manchen Situationen bemerkt ihr, dass ihr nicht einmal versteht, was gut und böse ist. Aber diese Lektionen müssen gelernt werden. Wenn eure Seele auf eine bestimmte Erfahrung trifft und sie gerne alles täte, um diese zu vermeiden oder zu verändern, und wenn sich die Lektion als sehr schwer erträglich erweist, dann macht es euch zum Ziel, sie mit geduldigem und gelassenem Geist zu durchleben. Wisst, dass es vielleicht Karma ist, das erduldet werden muss, und dass ihr damit eine Schuld aus der Vergangenheit begleicht. Mehr als das, es wird euch eine Gelegenheit gegeben, die Lektion der Leidenschaftslosigkeit zu erlernen. Wie schwierig diese menschliche Erfahrung auch sein mag, sie wird sich lohnen.

Ein anderer Punkt von größter Wichtigkeit auf dem geistigen Pfad ist es, geistigen Hochmut zu vermeiden. Wie oft betonte der Meister Jesus diese Lektion während all der Zeit Seines Wirkens? Wieder und wieder stellte er die Scheinheiligkeit von Gruppen wie die der Pharisäer seiner Zeit bloß. Dieser Lektion sieht sich jede Seele gegenübergestellt, und sie kommt in vielen subtilen Formen. Die Seele, die sich auf den Weg des geistigen Bestrebens macht, kann so viele Fortschritte machen, dass sie von ihrer eigenen spirituellen Großartigkeit und Kraft aufgebläht wird. Nachdem sie auszog mit dem reinen Wunsch, der Menschheit zu dienen, und nachdem sie zu einem gewissen Grad auf dem Pfad vorangeschritten ist, bekommt sie das Gefühl, dass sie eine edle Person ist und großartige Arbeit leistet. Dann kommt die Prüfung. Diese Seele muss sich einer unerwarteten Prüfung ihrer geistigen Wirklichkeit und Wahrheit und ihrer geistigen Demut unterziehen. Wie wird sie reagieren?

Wie ihr sehen könnt, ist es wichtig, dass Kinder in geistigem Wissen unterrichtet werden, sodass sie in früher Jugend lernen können, ihr Temperament zu zügeln, Tiere freundlich zu behandeln, Liebe und Zärtlichkeit für ihre kindlichen Gefährten zu empfinden. Es ist wichtig, dass sie lernen, wie man Blumen pflegt und anbaut; denn im Lauf der Zeit erwerben sie ein Wissen, das ihnen größere Kraft geben wird, der Natur und dem Tierreich zu helfen und mit den Engeln zu kommunizieren. Die Seele kann von den Engeln einige der Geheimnisse der Natur lernen – so das Geheimnis der Windströmungen und der himmlischen Sternbilder und des Einflusses, den sie auf das Leben auf der Erde ausüben. Meisterschaft bedeutet, dass der Geist eines Menschen sein Meister sein muss, dass er die unteren Ebenen des Lebens kontrollieren muss. Er muss der Meister über den physischen Körper und über den emotionalen und mentalen Körper sein. Der Geist muss vollkommene Macht über die niederen Körper gewinnen und sie führen. So wie ein Kapitän das Kommando über das Schiff führt, so muss der Meister vollkommene Kontrolle über Körper und Seele ausüben.

Eine Seele wird niemals übersehen, wenn sie für die Einweihung in das große Licht bereit ist. Wenn also ein gewisses Maß an Kontrolle gelernt wurde, und wenn diese irdischen Prüfungen sicher bestanden wurden, kommt die Zeit für diese Seele, in die Große Halle der Initiation gerufen zu werden. Wenn die Einweihung stattfindet, werden auf den Jünger Kräfte übertragen – Kräfte auf der physischen Ebene, die Stärke und Standhaftigkeit verleihen; es werden der Seele und dem Verstand Kräfte verliehen. Große Erleuchtung und Kraft werden den Geist erfüllen.

Die tägliche Erweiterung des Bewusstseins

Ein weiterer sehr wertvoller Punkt ist die Schulung, der ihr euch in der Meditation unterzieht. Übertreibt nicht, aber vernachlässigt die tägliche Meditation auch nicht. Wenn ihr nur zehn Minuten am Morgen und am Abend erübrigen könnt, oder vielleicht weniger, so versucht, niemals diesen täglichen Kontakt mit der ewigen Quelle des Lichtes und der Wahrheit zu vernachlässigen. Diese tägliche Meditation ist eine Schulung für den Körper, eine Schulung in Selbstkontrolle, sodass er veranlasst wird, immer das zu tun, was euer Geist wünscht. Sie ist eine Schulung darin, nicht zuzulassen, dass der Körper seinen Willen durchsetzt. Die tägliche Meditation schult auch die Beherrschung von Seele und Verstand und ist Schulung der führenden Kraft des Geistes.

Der Apostel Paulus sagte, dass es einen irdischen und einen himmlischen Körper gibt.[11] Mit dem ersten berührt, seht, riecht und fühlt ihr irdische Dinge; mit dem zweiten tretet ihr in Kontakt mit himmlischen Bereichen des

11 1. Korinther 15,40

Lebens. Denkt nicht in Begriffen wie *hier auf der Erde* und *dort im Himmel*, sondern begreift, dass ihr Körper besitzt, mit denen ihr mit allen Welten in Berührung kommen könnt. In euer Inneres wurde die Saat des Christus-Seins gelegt. Im Verlauf eurer spirituellen Entfaltung wird dieses Christus-Sein euer ganzes Wesen emporheben. Ihr werdet euer Bewusstsein, eure Aura, die Atmosphäre unmittelbar um euch herum erweitern, um diese wunderschönen Ebenen zu erreichen. Es ist eine gewollte Erweiterung des Bewusstseins und dann wieder ein Sich-Zurückziehen von dieser gewollten Erweiterung des Bewusstseins, ein rhythmisches Ein- und Ausatmen von Leben.

Schämt euch daher nicht eurer Gefühle. Seid froh, dass ihr geistige Ebenen fühlen oder erahnen könnt. Aber denkt gleichzeitig daran, dass es für euch notwendig ist, die Gefühle zu lenken und zu reinigen. Wie wir gesagt haben, der ganze Vorgang der geistigen Entwicklung ist eine Reinigung der niederen Atome und der Elemente allen Lebens, bis die Grundstruktur der Erde selbst so gereinigt ist, dass sie für die gröberen Lebensformen unsichtbar sein wird. Für euch, im gegenwärtigen Stadium eures Lebens, sind die höheren Welten unsichtbar, einfach deshalb, weil ihr nicht den Grad eurer Entwicklung erreicht habt, in dem eure Atome gereinigt und eure Schwingungen beschleunigt sind, um mit den spirituelleren Ebenen im Einklang zu sein.

Ihr müsst Gott in eurem Herzen suchen. Ehe Gott

nicht in eurem Herzen wirksam ist, könnt ihr Gott nirgends erkennen. Ihr mögt das Sehnen in euch nicht „Gott" nennen, aber alles das, was gut, wahr, schön und liebevoll in euch ist, stammt von Gott. Wir möchten euch nun alle hinaufziehen in diese himmlischen Sphären. Wir möchten, dass ihr in eurer tiefsten Seele, in der großen Stille, die Quelle eures Lebens fühlt, Gott, tief in euch…

Geliebte Brüder, wenn wir ernst zu sein scheinen, heißt das nicht, dass wir trübsinnig sind. Vielmehr möchten wir alle hier Anwesenden zu den Höhen erheben; denn dort sind wir von strahlenden Wesen umgeben. Der goldene Kreis der Christusliebe umgibt uns, und jene aus der unsichtbaren Welt kommen herbei, um die Schwingungen zu den Sphären der Weisheit und des Lichtes anzuheben. Wir denken daran, während wir unser Bewusstsein den uns dienenden Engeln öffnen. Sie lehren uns nicht nur durch Worte, sondern durch die Sprache des Geistes. Eine Brücke ist zwischen den höheren Welten und der Erde erbaut, und Engel schreiten über diese Brücke zu euch. Dennoch können sie sie nur überschreiten, wenn auch ihr zum Berggipfel aufsteigt – mit anderen Worten, wenn ihr euer Bewusstsein so anhebt, dass der höhere Verstand aufnahmebereit wird und geistige Wahrheit und Weisheit in sich aufnimmt.

Stufen

Es gibt drei größere Stufen in den Mysterienschulen. Die erste Stufe ist die des Schülers, des Lernenden. Wenn die Füße auf den Pfad gesetzt worden sind und der Wunsch zu lernen dringend wird, zieht der Schüler die Aufmerksamkeit der großen „Herren des Karma“ auf sich. Der Schüler sagt: „Ich möchte wissen; ich möchte wachsen; ich möchte Gott und den Meistern nützlich sein. Mache mich würdig, oh Gott, Dein Diener zu sein!“ Darauf folgt der Prozess der Reinigung. Wir wollen uns daran erinnern, dass die höheren Körper eines Menschen stark der Reinigung bedürfen. Die unsichtbaren Körper bedürfen der Reinigung, ebenso wie die physischen; denn viel Hinderndes und Blockierendes hat sich in ihnen angesammelt. Daher treten häufig Schwierigkeiten, wie Krankheit oder Leid während der Lebensreise des Schülers auf. Eine Seele wird vielleicht in einen versehrten Körper geboren; eine andere erduldet eine große Tragödie; eine dritte begeht möglicherweise ein Verbrechen. Wenn man unter die Oberfläche blickt, sehen wir immer die Auswirkung des Karmas in den Leiden der Menschheit. Wir wissen, dass diese oder jene Seele Leiden und Erniedrigung auf sich nimmt, weil sie von Bedingungen gereinigt werden muss, die in einer früheren Inkarnation verursacht wurden. Wir möchten euch daran erinnern, dass Leiden und

Kummer, ebenso wie die Trennung von geliebten Menschen, eure eigene Wahl sein können. Es ist vielleicht das Karma, das der höhere Teil eurer Persönlichkeit gewählt hat. Es wurde angenommen, damit ihr vorbereitet, gereinigt und für die Initiation vorbereitet werden konntet. Die nächste Stufe – der zweite Grad – ist die des Jüngers. Der Jünger muss Gehorsam lernen, unbedingten Gehorsam gegenüber dem Meister der Weisheit und der Wahrheit. Der Jünger lernt, exakt und präzise in all seinem Tun zu sein. Es gibt für den Jünger kein schlampiges Tun! Der Mensch arbeitet mit seinen „Werkzeugen" an dem niederen Selbst, er formt und vervollkommnet es. Er folgt dem Meister, Christus, in seiner Brust, (wir meinen nicht nur einfach den christlichen Jesus), dem Meister der Weisheit, der Weisheit lehrt und die mit ihr verbundene Lebensweise. Absolute Wahrheit und Ehrlichkeit ist dann vom Jünger gefordert. Es darf keine Täuschung geben!

Der dritte Grad beginnt, wenn der Jünger bereit ist, Erleuchtung zu empfangen, wenn ihm die Geheimnisse des Himmels anvertraut werden können; wenn der Mensch fähig ist, in die Gegenwart des Allerhöchsten zu kommen … als ein Eingeweihter. Er muss in der Lage sein, auf den unsichtbaren Ebenen frei tätig zu sein, denn wahre Einweihung findet nur auf diesen höheren Ebenen statt; der Eingeweihte ist eine Seele, die von der Hand des Meisters berührt wird und zu einem erhabenen Grad erhoben wird. Das eingeweihte Wesen ist eines, das aus dem Grab des Materialismus und der Illusion wiedergeboren wurde; eines, das in das wahre Licht seines himmlischen Zuhauses wiedergeboren wurde. Die Einweihung (Initiation) findet auf den unsichtbaren Ebenen des Lebens statt, und der Eingeweihte ist dann vereint mit seinen Brüdern und Schwestern in der Großen Schule oder der Großen Weißen Loge.

Heutzutage könnt ihr eure eigene Mysterienschule sein. Jede tägliche Erfahrung, jede Beziehung mit euren Gefährten wird verborgene Geheimnisse offenbaren, wenn ihr darauf achtet. Ihr braucht keine Bücher zu lesen, ihr braucht nur zu lieben, in eurem Inneren still und geduldig zu sein, zu meditieren und zu beobachten – und die Mysterienschule im Tempel eures eigenen Seins wird euch dann all das lehren, was ihr wissen müsst. Ihr dürft lesen, wenn ihr wollt, aber lasst Bücher nicht eure Krücken werden. Wenn ihr sie interessant findet, nehmt sie und lest und denkt darüber nach. Aber das ist nicht notwendig. Wir denken an viele, die voll tiefer Weisheit sind, innerer Weisheit, und die dennoch niemals ein Buch lesen. Der Meister Jesus verbrachte nach dem Evangelium seine Zeit nicht damit, Schriften zu lesen; während jener drei Jahre seines Wirkens nahm er für seine Lehre die einfachen Dinge des täglichen Lebens und nutzte sie für seine Belehrungen. Er sagt euch: „*Was ich tun kann, das könnt ihr auch tun.*“[12]

12 Johannes 14,12: „…Wer an mich glaubt, wird die Werke, die ich tue, auch selbst tun. Und er wird noch größere als diese tun, denn ich gehe zum Vater.“

9

Herzensarbeit

Schönheit, das Prinzip des Siebten (des Violetten) Strahles

Wir haben von der höheren Welt nur deshalb als der unsichtbaren Welt gesprochen, weil ihr sie von eurer Ebene des Lebens her nicht sehen könnt. Im unsichtbaren Universum gibt es die wunderbarsten, schönsten Dinge. Wir können euch nicht von ihnen erzählen oder sie euch beschreiben, einfach weil ihr bisher noch nicht die Fähigkeit habt, euch diese Dinge vorzustellen. Die Vorstellungskraft ist wahrhaftig die Kraft des Schöpfers, die in euch wirkt. Ihr visualisiert oder ihr erschafft ein Bild. Dieses Bild kann nur den Grad eurer Entwicklung wiedergeben.

Ihr müsst natürlich auch bedenken, dass es viele Aspekte von Schönheit gibt. Nur ein wirklich winziger Teil der Herrlichkeit der göttlichen Schöpfung ist sichtbar, solange ihr nicht die geistigen Kräfte entfaltet und entwickelt habt, zu sehen, was zu erschaffen bedeutet. In jedem Einzelnen von euch, wie jung oder alt auch immer, liegt dieses Leben, diese Kraft, dieser Gott im Inneren.

Es gibt für euch alle vieles, das ihr erhoffen könnt, was ihr aus eurem innersten Selbst hervorbringen könnt. Ihr habt die Kraft in euch, Vision und Verständnis all dieser Herrlichkeiten zu entwickeln. Der Zugang zu diesen Sphären, diesen Ebenen, diesen Stufen des Lebens – von der physischen zur dichten ätherischen, der astralen, der mentalen, der höheren mentalen und der himmlischen und sogar noch darüber hinaus – ist bereits in euch angelegt; aber ihr müsst den Schlüssel finden und das Wissen erlangen, wie man das bestimmte Tor aufschließt, das zu ihnen führt.

Wir möchten euch eine schöne rosafarbene Rose beschreiben, die ihre Blütenblätter der Sonne öffnet. Eine Rose ist das Symbol des menschlichen Herzens, duftend vor Liebe. Mit diesem Symbol vor euch seid ruhig, seid im Frieden... Auf dieser himmlischen Ebene des Bewusstseins solltet ihr die Kraft entwickeln, Wahrheit zu empfangen, die Kraft des Gefühls und der Phantasie. Wenn ihr die Schönheit der himmlischen Welten fühlt, empfangt ihr intuitiv göttliche Wahrheit. Auf diese Weise vermögt ihr zwischen dem Willen Gottes und dem eigenen Willen zu unterscheiden. Der Jünger lässt alle irdischen Dinge zurück – Verstand, Körper, Besitztümer, Wünsche – um dem Meister zu folgen. „Lasst alles zurück und folgt mir", sagte Jesus. Wenn ihr dieses Verständnis erlangt habt, könnt ihr euch ganz sicher auf eure unmittelbare Erkenntnis verlassen. Alles läuft auf diese wenigen einfachen Worte hinaus: „Seid still und wisset, dass ich Gott bin. Seid still … in Liebe, und wisset, dass Ich bin.“

Gottes Plan ist es, Schönheit zu schenken – wir wollen nicht Vollkommenheit sagen, nicht in dem beschränkten Sinn, in dem das Wort verstanden wird. Für uns gibt es keinen Stillstand; sogar was Gott angeht – wir sehen kein Wesen, das absolut vervollkommnet, endgültig vollendet und für alle Zeit da ist … Stattdessen staunen wir und beten zu einem Gott, der stetig schöner wird, unaufhörlich größere Wellen des Lebens und des Lichtes aussendet, und der sich nicht nur in diesem Universum zum Ausdruck bringt, sondern in Welten, die noch nicht geboren sind.

Im Zeitalter des Wassermanns wird die Intuition der Kinder während sie lernen entwickelt, und sie wird mit Schwingungen von Schönheit, Farbe, Kunst und Form angeregt werden. Das Ohr wird geschult werden, schöne Musik zu hören, das Auge, Schönheit zu sehen. Durch das ganze Leben wird Schönheit ausgedrückt werden – Schönheit, der äußere Ausdruck des Geistes. Schönheit, die nicht allein die Schöpfung des Intellektes ist, sondern in sich selbst ein Ausdruck des Göttlichen.

Der Geist muss unberührt bleiben von der Herausforderung – das ist das Wort, das wir benutzen werden –

der Herausforderung durch die Materie, durch das niedere Leben. Bemüht euch, für Schönheit empfänglich zu sein, und bemüht euch, Liebe gegenüber allem Leben zu empfinden. Lasst euer Herz immer im Einklang mit der unendlichen Liebe schwingen. Wenn ihr auf diese Art und Weise leben könnt, werdet ihr eure Meditation leben.

Wir wiederholen, dass nicht ein Einziger unter euch im Augenblick eine Vorstellung von der Schönheit haben kann, die vor euch liegt. Alles, was wir sagen können, ist: „Bittet, und es wird euch gegeben; suchet und ihr werdet finden (genau das finden, was ihr wahrhaftig sucht); und klopft an (lebt richtiges Handeln und richtiges Denken), und ihr werdet eingelassen in den Tempel der Heiligen Mysterien, wo die Herrlichkeiten der himmlischen Welt euch erwarten. Dort werdet ihr jene vollkommene Einheit mit dem Göttlichen Geist, Gott, eurem Schöpfer, finden."[13] Doch es gibt sogar darüber hinaus noch Wachstum; denn Gott ist nicht statisch. Denkt daran, Gott kann niemals statisch sein, wenn alles Leben ständiges Wachstum, Bewegung und Fortschritt vor Augen führt. Könnt ihr jemals an ein Ende gelangen? Nein, niemals! Auch gibt es so etwas wie eine gerade Linie nicht; sie muss sich krümmen, am Ende zusammenfügen und zu einem Kreis formen. So läuft also euer Leben weiter und weiter, niemals ermüdend, niemals enttäuschend, sondern immer sich entfaltend und voranschreitend; denn

---

13 Die Worte in Anführungszeichen sind eine freie Wiedergabe von Matthäus 7,7

Gott nimmt euch mit sich, und Er/Sie wächst beständig, dehnt sich aus, greift empor, zu einem noch herrlicherem Leben.

Heilung

Die Gegenwart des Christus in euch zu üben, bedeutet, mehr zu tun, als angenehme geistige Erfahrungen hervorzubringen. Es hilft euch, gesunde Seelenkörper und gesunde physische Körper als euren Wohnort für viele zukünftige Leben zu bauen. In all dieser Zeit erschafft ihr die Vehikel – physisch, ätherisch, emotional, mental und himmlisch – für die Zukunft.

Es gibt viele Ebenen, viele Lebensbereiche, die das Kind Gottes erfahren muss. Aber ihr könnt ein schönes Bild nicht sehen, wenn ihr blind seid, und ihr könnt eine schöne Blume nicht riechen, wenn ihr keinen Geruchssinn besitzt. Ihr könnt die Musik der Sphären nicht hören, wenn ihr für sie taub seid. Daher müsst ihr – die ihr göttliche Seele, göttlicher Geist seid – die Fähigkeiten in euch entwickeln, die es euch ermöglichen, die Herrlichkeiten all dieser anderen Ebenen des Lebens zu erfahren.

Nicht gerne betonen wir, wie groß die Wirkung ist, die heftige Gefühle auf die physische Gesundheit haben, aber wir müssen darauf hinweisen. Da gibt es nichts, was eine schlimmere Wirkung auf den physischen Körper hat. Ihr erkennt dies vielleicht nicht immer als eine Ursache für Krankheit. Ihr leidet möglicherweise an körperlichem Schmerz und führt ihn zurück auf eine physische Ursache. Aber auf dem Weg muss der Kandidat darauf vorbereitet sein, die Wahrheit anzuerkennen. Emotionen, die nicht nur den physischen Körper, sondern alle inneren Körper erschüttern, verursachen schließlich irgendeine Art von physischer Erschütterung, die sich in geringerem oder größerem Ausmaß manifestieren wird. Daher hat die Kontrolle des Emotionalkörpers und die Umwandlung aller niederen Leidenschaften in höhere, sodass ihr Liebe und konstruktive Kraft schenken könnt, statt Hass und zerstörerische Kraft zu verströmen, mit Sicherheit eine sehr große, wohltuende Wirkung.

Das Große Weiße Licht des Christus ist der Heiler aller Krankheiten des Körpers und der Seele. Es heilt den physischen Körper und löst machtvoll alle Schatten auf. Es ist der ständige Gestalter, ist immer der Erbauer; und ihr seid von den unsichtbaren Heerscharen zum Dienst mit dem Licht aufgerufen, zur Tat.

Wir hören euch fragen: „Wie können wir dienen, wie können wir handeln?“ Ihr müsst danach streben, euch der unsichtbaren Kräfte *gewahr zu werden*, die auf das Erdenleben einwirken. Ihr müsst euren physischen Körper und eure höheren Körper schulen, diesen Lichtstrom bewusst wahrzunehmen, der durch eure Chakras in euer Sein Eintritt findet. Ihr müsst lernen, euch dieses kreisenden

Lichtstromes bewusst zu werden, der Körper und Seele belebt und ihn erstrahlen lassen kann. Er kann von euch ausströmen, geführt von eurem höchsten Selbst, um die Kranken überall in der Welt zu heilen, gleich, ob sie krank sind an Körper oder Seele.

Die Schwingungen und die Macht der Engel und der großen geistigen Wesen wirken durch menschliche Kanäle, um den Himmel in das *Bewusstsein* der Menschheit einzufügen. Das ist die Uralte Weisheit (das heißt, die Tempelschulung der Vergangenheit) … die Schulung darin, sich des Landes des Lichtes bewusst zu werden, des Lichtes in der Seele; der Wirkung von Farbe auf die Seele, auf den Verstand, auf den Körper … die Wirkung von Duft … die Wirkung von Klang.

Wenn ihr euch öffnet, denkt daran, dass ihr ein Kanal für das Licht und die Kraft der Meister seid. In dem Maße, wie ihr aus eurer Seele gebt, wenn ihr heilt, wachst ihr an Weisheit, Einsicht, Intuition und Wahrnehmungsvermögen. Beachtet die sich verändernden Schwingungen in eurem eigenen Körper, während ihr mit eurer Heilung voranschreitet. Er, der so viel von dieser Heilungsarbeit in Seiner Obhut hat, ist der Meister Jesus, der der Kanal war und noch immer für das Große Licht ist, dieser Lebenskraft für die Welt.

Die Öffnung des Herzens

Versucht, ohne auf einen besonderen Zeitpunkt hierfür zu warten, euch eine große weiße Halle vorzustellen und die goldenen Strahlen der Weisheit, die durch den Baldachin des Himmels auf euch herabströmen. Ihr seid vereint mit einer großen Menschenmenge, einer großen anwesenden Gemeinschaft von Seelen, sowohl Menschen als auch Engel. White Eagle, sagen wir, ist nur das Instrument in dieser Welt des Geistes, und er spricht nicht von sich. Das goldene Licht der Weisheit kann durch das Herz eines jeden Sohnes oder einer jeden Tochter Gottes strömen, und alle sind Söhne und Töchter Gottes.

So kann es sein, dass ihr in eurem eigenen Heim, in eurem inneren Sanktuarium, vielleicht inmitten dieser großen Gemeinschaft, sowohl Zuhörer als auch Lehrer sein könnt. Sogar ein Meister kann gleichzeitig ein Schüler sein; und eben diejenigen, die klar erkennen können, dass sie ständig Lernende sind, werden die Meisterschaft erlangen.

Wer auch immer zuhören kann, ist ein Schüler, der dem Meister lauscht, doch der Meister lehrt durch euer Herz, durch den Verstand in eurem Herzen, und nicht durch den Verstand in eurem Kopf. Ihr werdet das besser verstehen, wenn ihr über Jesu Worte nachdenkt: „Wenn ihr nicht werdet wie die kleinen Kinder, könnt ihr nicht in das Königreich eintreten." Ein kleines Kind zu werden bedeutet, dass eine Übertragung vom Denken in eurem Gehirn zum Fühlen und der Intuition im Herz-Zentrum stattfinden muss. Dann wird der Geist der Demut in eurem Herzen wie ein kleines Kind zuhören; und er wird auch den Verstand im Kopf lehren. Sagt nicht eure Bibel: „Ein kleines Kind wird sie führen?"[14] All diese Aussprüche, obwohl sie sich auf die äußere Welt und das Geschehen auf der äußeren Ebene beziehen können, haben eine esoterische Bedeutung – sie kommen von innen und strahlen auf das aus, was außen ist. So kann die Wahrheit aus dem Herzen strahlen und sich in einfacher, kindlicher Freundlichkeit und Liebe auf der physischen Ebene des Lebens darstellen. So wird ein kleines Kind sie führen: Christus, das Kind, das im Zentrum des Herzens wohnt. Dieses Herz-Zentrum, so sagen wir euch, ist das Zentrum eures Universums.

Wenn ihr auf gewöhnliche Art und Weise denkt, tut ihr das mit eurem Verstand, der durch das Gehirn arbeitet. Das Gehirn ist ein wunderbarer Organismus und es ist nicht nur physischer Natur, sondern hat auch ein ätherisches Gegenstück. Sogar jetzt, während ihr lest, ist es euer Kopf-Zentrum oder das Gehirn, das unsere Worte interpretiert. Ihr denkt mit eurem Gehirn. Viele Menschen machen den Fehler, das Gehirn als die einzige ver-

14 Jesaja 11,6. Die vorangehenden Worte, man solle zu einem kleinen Kind werden, sind eine freie Wiedergabe von Markus 10,15 oder Lukas 18,17.

lässliche Empfangsstation für die Wahrheit zu akzeptieren. Das Kopf-Zentrum kann in der geistigen Entwicklung eines Menschen eine wichtige Rolle einnehmen; dennoch gibt es auch einen Verstand im Herz-Zentrum.

Auch das Herz ist ein wunderbares Organ, mit sehr viel mehr Aspekten, als die medizinische Wissenschaft bisher entdeckt hat. Es hat ebenfalls ein ätherisches Gegenstück, das eine wichtige Rolle bei Geburt, Wachstum, Leben und Sterben des physischen Körpers spielt. Wir beziehen uns nicht so sehr auf das körperliche Herz, sondern vielmehr auf das Herz-Zentrum oder Herz-Chakra. Es ist das geistige Gegenstück des physischen Herzens und liegt genau im Zentrum der Brust. Es befindet sich bei der Thymusdrüse, ebenso wie die Zirbeldrüse und die Hirnanhangdrüse in der Nähe des Kopf-Zentrums liegen. Obwohl der Kopf in der ersten Zeit eine Rolle spielt, wenn sich der Mensch der geistigen Welten um sich herum und des geistigen Lebens gewahr zu werden beginnt, kann er in der geistigen Entwicklung auf dieser Stufe nur mithilfe seines Verstandes Wissen erwerben. Später, wenn dieser Mensch Kontakt mit dem himmlischen Licht hat, findet ein Wandel statt, und der Herzensverstand beginnt zu arbeiten.

Lasst es uns noch einmal anders erklären. Es gibt viele hervorragende Männer und Frauen – große Gelehrte mit viel Wissen und einem wunderbaren geistigen Werkzeug, fähig, sich makellos durch Sprache und

Feder auszudrücken. Aber im Herzen wissen sie nichts. Das Herz in ihnen mag wie ein Stein sein. Nicht, dass sie notwendigerweise unfreundlich oder grausam sind. Das Herz in einem brillanten Intellektuellen kann gelegentlich wie ein totes Ding sein, das niemals erweckt wurde. Das erkennt ihr dann, wenn großer menschlicher Kummer diesen Menschen berührt, und er nicht in der Lage ist, damit umzugehen. Nichts kann dem Menschen die Antwort auf die Probleme des Lebens geben. Der Intellekt, der Verstand, kann nichts erklären oder findet für nichts eine Antwort, wenn es zu den großen Erfahrungen des Lebens – Geburt, Krankheit, Freude, Leben, Tod – kommt.

Das Herz-Zentrum oder der Verstand im Herzen ist wie das Schloss im Märchen, ganz überwuchert von wildem Wein, Efeu und Gestrüpp. In dem Schloss schläft die schöne Prinzessin durch die Jahrhunderte hindurch, bis der Prinz der Liebe einbricht, sie küsst und sie zum Leben zurückbringt. Solche alten Geschichten sind voll tiefer mystischer und okkulter Lehren.

Im gleichen Augenblick, wenn die Seele eines Menschen in Erscheinung tritt, beginnt der Verstand im Herzen zu arbeiten. Der Herzensverstand wächst, sobald ihr lernt zu sein, statt euch auf den denkenden Verstand zu stützen. Dennoch weiß der intellektuell geprägte Mensch scheinbar alles! Er kann Theologie erklären und versteht alle Religionen der Vergangenheit und Gegenwart; und dennoch ist eine Leere darin. Sie bedeuten nichts, solange nicht das Herz-Zentrum arbeitet. Das aus Büchern und Tatsachen zusammengetragene Wissen muss durch menschliche Freundlichkeit und Zuneigung bereichert werden.

Damit jedes Individuum wahrhaft ein Teil des großen Universums Gottes werden kann, muss dieses Herz-Zentrum wachsen, Liebe ausstrahlen, es muss wie ein großes Feuer in der Seele des Einzelnen brennen. Die Seele darf nicht für sich selbst und ihre eigene Verherrlichung leben, sondern sie soll leben, um zu dienen und für die Menschen zu wirken, indem sie die Kranken heilt, die Trauernden tröstet und die Hungrigen sättigt. Die Religion eines Menschen muss sich auf der Erde in praktischem Dienst erweisen. Dann arbeitet das Herz-Zentrum wahrhaftig.

Jedermann ist ein Universum. Wie wunderbar diese Wahrheit wirklich ist, versteht noch niemand. Das Individuum, der Mikrokosmos, ist ein Universum; und das Zentrum oder die Sonne dieses Universums ist das Herz – nicht der Kopf. So wie die Sonne das Zentrum eures Sonnensystems ist, so ist euer Herz das Zentrum eures Universums. So wie die Sonne in Verbindung mit den sieben Planeten wirkt, so empfängt das Herz die Strahlen oder den Einfluss genau der Planeten, die ihre Strahlen zur Erde schicken. Manche Astrologen sagen, dass das Herz von der Sonne regiert wird. Das geistige Gegenstück der physischen Sonne ist das Christuslicht; wenn dieses ebenfalls im Herzen erweckt worden ist, beginnt der Herzensverstand zu arbeiten. Die physische Sonne regiert den physischen Himmel; und Christus beherrscht durch die Sonne oder das Herz eines Menschen das Schicksal der Menschheit und der Erde. Der Meister im Herzen muss die Loge regieren, damit meinen wir den Tempel des Seins eines Menschen. Ist der Meister nicht stark genug, um seine Loge zu leiten, und wenn es Schurken gibt, die den Meister überwältigen, dann herrscht Chaos, Krankheit, Unglück, Dunkelheit. Das Licht ist erloschen und in der Loge gibt es keine Freude, kein Glück, keine Weisheit und keine Schönheit. Der Meister im Inneren muss die Loge des menschlichen Herzens beherrschen, indem er jedes Glied und jedes Organ kontrolliert. Dann wird vollkommene Harmonie herrschen, vollkommene Gesundheit. Wenn das Herz kalt und tot ist, dann ist der Mensch leblos, hat keine Lebenskraft, keine Wärme und keine Ausstrahlung.

Ihr werdet nach all dem verstehen, wie wichtig es ist, euer inneres Leben durch Meditation zu vervollkommnen. Das bedeutet nicht, Stunde um Stunde zu sitzen und über sich selbst nachzudenken, sondern eher zu meditieren, während ihr euch in der Welt bewegt, und nicht dem Intellekt immer die Oberhand zu lassen. Bemüht euch sodann, wenn ihr beispielsweise in der Natur seid und über die Feldwege wandert, mit dem ewigen Leben hinter der Manifestation der Bäume und Blumen im Einklang zu sein. Meditiert über die Erhabenheit und Herrlichkeit von Gottes Universum, sodass das Herz aktiv wird. Lebt so, dass ihr nicht immerzu über triviale Dinge nachdenkt. Füllt euren Verstand im Kopf nicht mit einem Haufen Müll, sondern lasst ihn sich bewusst mit etwas beschäftigen. Wenn ihr ruhig zu Hause sitzt, lasst euer Herz über schöne, erfreuliche und hilfreiche Dinge meditieren. „Wie kann ich meinem Bruder oder meiner Schwester am besten dienen?“ könnt ihr euch zum Beispiel fragen. Ihr könnt am besten dienen, indem ihr sie versteht, indem ihr ihnen helft, freundlich und rücksichtsvoll seid, indem ihr nach kleinen Möglichkeiten Ausschau haltet, höflich und liebenswürdig zu sein. Auf diese Weise muss der Herzensverstand aktiv werden und Gott verherrlichen.

10

Jenseits von Denken und Fühlen

Die Kontrolle von Verstand und Denken

Wenn ihr meditiert oder betet, ist dies die beste Art und Weise, das Eindringen des alltäglichen Verstandes zu verhindern – den Eindringling mit Verachtung zu behandeln. Ignoriert ihn. Konzentriert euch mit mehr Kraft als je zuvor auf den Gott in eurem Inneren; und diese Konzentration wird so fesselnd und so machtvoll sein, dass der kleine äußere Verstand sich zurückziehen wird, unfähig, Herr zu werden oder einzudringen in die riesige Batterie des Gebetes zu Gott. Macht euch keine Gedanken darüber, die Missetäter zu vertreiben. Ignoriert sie einfach. Konzentriert euch mit all eurer Kraft und all eurem ganzen Sein auf Gott. Eure Konzentration ergreift Besitz von euch und erfüllt euch mit Kraft und Licht; alles andere fällt von euch ab, und ihr werdet zu einer lebendigen Quelle, einer aus göttlichem Licht gespeisten Kraft.

Weist gleichermaßen jeden destruktiven Gedanken, der euch im alltäglichen Leben in den Sinn kommt, sofort zurück. Es kann sein, dass ihr das nicht erkennt, aber diese Anhäufung destruktiven Denkens im Mentalkörper des Menschen schlägt allmählich in Gedanken um, die zerstörerische Waffen erschaffen. Stattdessen könnt ihr euch leicht dazu erziehen, Gedankenformen aus Güte, Schönheit und Harmonie zu erschaffen.

Gleiches gilt für euren Umgang mit den Menschen um euch herum. Wenn ihr geringfügige Schwierigkeiten habt, ist es weit besser, sie zu ignorieren und keine Notiz von ihnen zu nehmen; konzentriert euch auf die Kraft und Stärke des Christus in euch, und diese törichten Schwierigkeiten werden verschwinden. Es wird zu viel Zeit mit unnötiger Aufregung und Sorge über Kleinigkeiten in euren zwischenmenschlichen Beziehungen vergeudet. Konzentriert euch auf Gott, und darauf, wie ihr den Christus in euch zum Ausdruck bringen könnt. Nichts anderes ist von Bedeutung. Ihr macht aus einer Mücke einen Elefanten. Erinnert euch: „Mein ist die Rache, ich will vergelten, spricht der Herr.“[15] Wenn ihr das Gefühl habt, euch rächen zu müssen, weil ihr ein Unrecht erlitten habt, so lasst das sein – ihr könnt das Wirken des göttlichen Gesetzes getrost seinem Urheber überlassen. Der Gerechtigkeit wird vollständig Genüge getan werden. So ist das Gesetz.

Konzentriert euch auf Gott; nichts im Leben hat so große Bedeutung wie dies; denn indem ihr euch auf Gott konzentriert und die wahren Fähigkeiten eures höheren

15 Römer 12,19

Selbst erweckt, tut ihr unendlich viel Gutes. Ihr bietet auf die beste und wahrste Art und Weise alle nur möglichen Anstrengungen im Leben und auf der irdischen Ebene auf. Ihr braucht euch über negative Dinge keine Gedanken zu machen. Sie kommen automatisch wieder in Ordnung, wenn ihr zum Zentrum der Wahrheit und zu Gott gelangt … zu Kraft, Liebe und Wissen.

Die menschliche Seele hat die freie Willensentscheidung. Obwohl sie gewisse Erfahrungen akzeptieren muss, welche die Engel des Leidens ihr aufnötigen, kann die Seele auch auf die Engel der Liebe reagieren. So hat die menschliche Seele, während sie Leid und manchmal Schmerz und Erniedrigung erleiden muss, in ihrer Nähe immer einen guten Engel, der flüstert: "Gott ist Liebe. Blicke hinauf, mein Bruder, alles ist gut! Gott hüllt dich in Seine/Ihre Liebe ein." So ist inmitten allen menschlichen Leidens diese zarte Stimme, auf die alle antworten können, wenn sie wollen, die sagt: „Habe Hoffnung, meine Schwester; Gutes wird aus dieser Erfahrung entstehen." Wendet euren Blick nach oben, liebt Gott, liebt euren Meister und Christus. Das ist die freie Willensentscheidung eines jeden, es ist die Stimme des Christus in euch, die da spricht. Aber denkt auch daran, dass keine Seele der Erfahrung entgehen kann, welche die Engel des Schicksals bringen werden.

Und so möchten wir, dass ihr euch der Worte aus eurer Bibel erinnert: „Im übrigen, Brüder, auf alles was wahr ist, was würdig, was gerecht, was rein, was liebenswürdig ist, was dem guten Rufe dient, was immer es an Tugend und was immer es an Lob gibt, darauf richtet euer Sinnen."[16] Denkt gute Gedanken. Denkt Gottes-Gedanken. Ihr wisst, euer Schöpfer hat euch ein wunderbares Geschenk gemacht – die Macht des Denkens, und *die Macht, zu wählen, was ihr denkt.* Wenn ihr Gottes-Gedanken denkt, sendet ihr sie nicht nur in die Welt hinaus, sondern ihr öffnet euch der Quelle von mehr und mehr Weisheit, himmlischer Weisheit. Ihr hebt die Schwingung der ganzen Menschheit an; und indem ihr das tut, entfaltet ihr eure Sensibilität – eure Kraft klarer Vision und klaren Hörens sowie eure Kraft, zu heilen.

Harmonie von Verstand und Gefühl

Worin besteht also der Schutz eines Menschen gegen die negativen Einflüsse, welche die Erdebene umgeben? Ein reines Herz, reines liebendes Streben, würden wir sagen. Eure Wünsche gehören dann nicht der niederen Natur an, sondern dem wahren Selbst, dem Christus in euch. Das wahre Selbst sucht zu dienen, es denkt nicht an sich selbst. Es hat in der Tat keine Zeit, an seinen eigenen Fortschritt zu denken, an seine eigenen Einweihungen, an jenen großartigen Augenblick, wenn es endlich die Große Weiße Loge betreten wird. An all dieses denkt es nicht, son-

---

16 Philipper 4,8

dern daran, wie es am besten dienen und jene lieben kann, die Gott in seinen Wirkungskreis sendet. Auf den Dienst aus Liebe, darauf konzentriert sich das wahre Selbst.

Wie notwendig ist es, zwischen einer Liebe zu unterscheiden, die Weisheit ist, und einer Gefühlsduselei, welche die Liebe zersetzen kann! Wie notwendig ist es, eine Liebe zu erkennen, die nicht ihren eigenen Vorteil sucht und ihr Herz weit öffnet, nicht hart über diese Konfession oder jene Sekte, diesen oder jenen Sünder denkt, nicht verurteilt, sondern akzeptiert, dass sich der große Plan Gottes auf allen Ebenen entfaltet! Eine solche Liebe akzeptiert, dass sogar im sogenannten „Bösen" eine Absicht liegt; denn das, was im Herzen der Menschen als „böse" bezeichnet wird, wird vom Allmächtigen ständig benutzt, um durch Erfahrung, durch Leid und durch die Lektion des Kreuzes zu lehren, bis zu dem Augenblick der Morgenröte, da die Menschen die Sonne über dem neuen Zeitalter aufsteigen sehen können.

Wenn ihr voll Freude in Verzückung geratet oder von Schmerzen erschöpft oder emotional überanstrengt seid, dann seid ihr wie ein zerbrechliches Boot, das in einem Sturm hin und her geschleudert wird. Dennoch erwartet im Inneren jeder Einzelne den schlafenden Meister, den jeder Seele innewohnenden Christus. Wenn ihr ihn schließlich in eurer Not anrufen könnt und ruft: „Meister, hilf mir!", so wendet ihr euch damit nicht an einen Lehrer außerhalb eures Selbst, sondern an den Christus in euch. Ihr ruft: „Oh Du, der Du das Licht, die Macht und die Liebe bist, komm mir zu Hilfe!“ Dann überkommt euch Ruhe. Ihr werdet euch endlich einer euch innewohnenden Kraft gewahr, und ihr werdet ruhig. Vielleicht später, wenn ihr euch in Meditation geschult habt, könnt ihr bei einer solchen Gelegenheit fühlen, dass ihr euch wie auf einem Lichtstrahl erhebt. Ihr habt dann die Kraft auf einer Ebene zu sein, die höher ist, als diese hier, und wenn ihr auf euren emotionalen Aufruhr herabschaut, werdet ihr ihn als das erkennen, was er wirklich ist.

Die Kontrolle über Emotionen, Ärger und Angst ist eine der ersten Stufen der Einweihung. Sie wird nicht durch Verdrängung oder Unterdrückung erreicht, sondern durch Veredelung dieser Emotionen, die vom Hellsichtigen als Feuerzungen gesehen werden können, die durch die Aura zucken. All diese Dinge können durch den Christus in eurem Inneren überwunden und verwandelt werden und jede Leidenschaft, die geweckt wurde, anstatt zu verletzen und zu zerstören – denn sie kann zerstören –, strömt von euch, mit der Kraft zu heilen, zu segnen, die Last der Welt zu erleichtern, und sie offenbart sich inmitten der Dunkelheit als reines weißes Licht. Es wird gesagt, dass es eines der größten Hindernisse für eine Seele auf dem Weg ist, heftige Emotionen überwinden zu müssen, worunter wir deren Umwandlung verstehen. Lasst es heraus, aber lasst es heraus in Liebe und als eine frische, friedvolle, harmonische Schwingung.

Die Prüfung des ruhigen Wassers

„Erkenne dich selbst und du wirst Gott und das Universum erkennen … Sei still … und erkenne Gott.“ Manchmal fragen Menschen in eurer sogenannten fortschrittlichen Zivilisation, warum sie trotz ihres großen Verstandes darum gebeten werden sollten, von den indianischen Führern Nordamerikas zu lernen. Das geschieht, weil eure indianischen Brüder lernten, sich aus der Welt zurückzuziehen; die Höhen zu erklimmen und in der Stille zu verweilen. Es geschieht, weil sie nahe bei dem strömenden Wasser lebten und den Gesang des Windes in den Bäumen hörten und sie die Natur als ihre Begleiterin annahmen. Es geschieht, weil sie die Stimme Gottes in der Stille vernahmen. So wurde Verstand in Verständnis verwandelt, und mit dem Verständnis kamen Kraft und Vollkommenheit.

Seid still und erkennt Gott, und Überfluss an allen Dingen wird euch zuteil werden.

Da sie aus den harten und stürmischen Bedingungen der Erde kommt, muss die Seele in der Meditation, wenn sie in die höheren Sphären eintritt, gereinigt werden, ehe sie weiter voranschreiten kann, so wird sie geläutert.

Ihr wisst, dass mit der Wasser-Einweihung die Schulung des Emotionalkörpers gemeint ist. Wasser bezeichnet das Seelisch-Geistige und das Emotionale, und so wurden diejenigen, welche die Wasser-Initiation durchliefen, über Seelisch-Geistiges und die Emotionen belehrt, und sie lernten, zwischen dem Wirklichen und dem Unwirklichen zu unterscheiden. Sie lernten, die Gefühle im Gleichgewicht zu halten, sodass diese nicht der Aktivität des Geistes oder des Christus im Inneren im Weg stehen. Es heißt, dass Leidenschaftslosigkeit eine der schwierigsten Lektionen ist, die der Novize lernen muss. Es ist so leicht, durch den Kontakt mit unharmonischen Bedingungen erregt und emotional aus der Fassung gebracht zu werden. Wenn aber das Christuslicht im Inneren stärker wird, lehrt es den Novizen, Leidenschaft und Gemütsbewegungen zu kontrollieren, sie unbewegt zu halten, sodass sie zwar zu geistigem Dienst genutzt werden können, ihnen aber nicht gestattet wird, durch die Seele zu stürmen und all ihre geistigen Schwingungen über den Haufen zu werfen und zu zerstören.

So lernen wir durch die Wasser-Einweihung, was es bedeutet, still zu sein, dass die Seele bei allen Gegebenheiten Ruhe bewahren und Gott erkennen kann. Der Novize ist ruhig, aber nicht gleichgültig: Es gibt einen Unterschied zwischen Gleichgültigkeit und Teilnahmslosigkeit auf der einen und auf Stärke begründeter Gelassenheit and Gemütsruhe auf der anderen Seite. In dieser letzteren Gemütsverfassung wird der Blick klar und die Seele wird vom Meister, dem Christus, geführt.

11

Ruhig werden

Sei der Christus im Inneren

Meditation und Vereinigung mit Gott ist im täglichen Leben von höchstem Wert. Es ist besser, gut zu *sein,* als Energie zu vergeuden, in dem Bemühen, gut zu *handeln.* Gut zu sein, Gott-bewusst zu sein, Gott-liebend zu sein, Gott-weise zu sein, trägt weit mehr dazu bei, dem Leben zu helfen, als eine fehlgelenkte Energie, die versucht, Gutes zu tun. Entscheidet euch daher lieber, zu sein als scheinbar zu sein.

Viele von euch sind in die Inkarnation zurückgekehrt, nicht um euch zu vergnügen, sondern weil ihr der Menschheit helfen wollt. Das muss nicht notwendigerweise dadurch geschehen, dass man zu Versammlungen geht oder gute Werke vollbringt, sondern allein eure Gegenwart kann Freude und Trost bedeuten, etwa für die Familie, in die ihr hineingeboren wurdet und für die Familie, in der ihr ein Elternteil seid. Nicht dadurch, dass ihr eure Energie und Kräfte vergeudet dient ihr, sondern indem ihr ein Kind Gottes seid und Wärme und Licht gebt. Helft dabei, dass jede Blume, so gut es ihr möglich ist, in dem besonderen Stück Land oder Garten blühen kann, in dem ihr euch befindet.

So lieben wir Gott. Wir erheben unsere Gedanken zur Spitze des Goldenen Dreiecks und sehen dort den herrlichen Stern. Wir halten diesen Stern fest, diesen Lichtpunkt; und in diesen Lichtpunkt, genau im Zentrum dieses vollkommenen sechszackigen Sterns können wir das Bild desjenigen sehen, dem wir helfen möchten. Oder wir können einfach an dem Bild des Sterns festhalten und sehen, wie die Strahlen von ihm ausgehen. Wenn ihr das aufrichtig und in dem Glauben tut, dass das, was wir euch sagen, wahr ist, wird es euch gelingen, nicht nur eure Schutzbefohlenen zu unterstützen. Ihr werdet der Welt helfen, indem ihr Licht in die Dunkelheit der Materie aussendet und ihr werdet gleichzeitig in euch diese wunderbare goldene Blume entwickeln und im Sternentempel leben.

Das ist das Geheimnis: zu leben, zu wissen und zu sein – in dem Bewusstsein der Unendlichen Liebe und des Lichtes aufzugehen, und für den Geist, nicht für die Materie zu leben. Die Materie ist zweitrangig; der Geist ist der allererste Aspekt eines menschlichen Wesens, und um richtig zu leben, müsst ihr so leben, dass ihr das Bewusstsein des Großen Weißen Lichtes oder des Christus in eurem Inneren entwickelt. Nicht in der Stirn, meine

Freunde, sondern im Herzen und im tausendblättrigen Lotos an der Spitze eures Dreiecks.

Arbeitet immer mit diesem höheren Dreieck und dem Stern. Das Dreieck ist im Stern – euer Dreieck an seiner Basis und das dieses im Gleichgewicht haltende, es durchdringende Dreieck eures höheren Selbst, das herab kommt, um sich zu vereinen und den Stern zu formen... Ihr seid in ihm und ihr müsst euch dessen gewahr werden, dass ihr in ihm seid, und um Wunder zu vollbringen, müsst ihr das Bewusstsein der Kraft dieses Sterns entwickeln. Aber denkt daran: Es ist nicht euer Wille, der das Wunder vollbringt. Es ist die Macht Gottes; es ist Gottes Wille. Nur Gott wirkt Wunder. Gott ist das Licht in der Menschheit, und Gott allein gibt oder nimmt gemäß Seiner/Ihrer Weisheit. Wir hoffen, dass ihr das versteht und nicht das erzwingen wollt, was ihr glaubt, dass getan werden müsste. Ergebt euch, meine Kinder, ergebt euch in Gottes Willen in allen Dingen.

Nehmt an, wissend, dass Gott im Geben weise ist und noch weiser im Nehmen. Worauf es ankommt ist, dass die Seele, wenn sie sich entfaltet und sich in ihrem Gottesbewusstsein ausdehnt, nichts verlieren kann; denn sie weiß, dass nichts in Gottes Schöpfung verloren ist. Nur ein eingeschränktes Bewusstsein hindert die Seele daran zu erkennen, dass alles hier ist, alles gegenwärtig ist. Es gibt keine Trennung, wenn ihr euch der Welt des Geistes bewusst werdet, wenn ihr euer Bewusstsein über die

Beschränkungen des sterblichen Verstandes und Gehirns hinaus ausdehnen könnt.

Hingabe

Ihr sprecht von Frieden, ihr betet für Frieden, ihr sucht Frieden auf der Erde. Ihr könnt dieses Ideal verwirklichen, indem ihr selbst in Gelassenheit lebt. Um diese Stille des Geistes zu erreichen, übergebt Gott das Leben und alles, was es beinhaltet; übergebt alle Angst und Furcht und allen Ärger Gott; dann wird der Balsam der Gelassenheit in die Seele fließen, und ihr seid erfüllt von Frieden.

Das ist es, was wir meinen, wenn wir eure Aufmerksamkeit auf das Lichtkreuz lenken. Die Seele, die dieses Kreuz zu empfangen, dieses Kreuz in ihrem Herzen zu tragen wünscht, muss diese Lektion des Unterscheidungsvermögens und der Hingabe an Gott gelernt haben … muss gelernt haben, das niedere Selbst dem göttlichen zu übergeben. Erkennt ihr also, was Hingabe bedeutet … was das Opfer des Kreuzes bedeutet? Das ist nicht leicht. Es hört sich vielleicht einfach an; es liest sich einfach: Aber wenn es dazu kommt, dies im alltäglichen Leben in die Tat umzusetzen, dann ist es eine der schwierigsten Lektionen, die ihr zu lernen habt.

So verbinden wir das Symbol des Kreuzes mit Demut, mit Hingabe. Wir erinnern an eine andere symbolische

Interpretation: das „Opfern“ all dessen, was euch im Leben auf der Erde am allerliebsten ist. Wirklich und wahrhaftig, die Begierden des Astralkörpers müssen aufgegeben werden, die irdischen Wünsche müssen überwunden werden! *Kreuzigung* bedeutet für uns die Öffnung des Tempeltores … des Himmels selbst … das ewige Licht. *Nur wenn ihr das Leben hingebt, könnt ihr hoffen, Leben zu finden!* Habt ihr diese Worte nicht schon früher gehört und sind sie vielleicht doch bloße Worte geblieben? Worte, die eure Gedanken auf den Tod des physischen Körpers lenken? Nein, so ist es nicht; sie beziehen sich nicht auf den Tod des Körpers, sondern auf den Tod oder das Ablegen des Astralkörpers, des niederen Selbst; das Aufgeben aller irdischen Wünsche, sodass der Christus in euch walten kann. Müssen wir also durch das Leben gehen, ohne uns Gedanken zu machen über das, was der Körper und das Leben um uns herum notwendigerweise fordern? Nein. Sie müssen eher einen untergeordneten Platz einnehmen; sie dürfen die Seele nicht in Versuchung führen oder bedrängen nur für sich selbst zu streben, ohne einen Gedanken an das Ganze. Wenn eine Seele ihr Herz, sich selbst, dem Meister anvertraut hat; wenn sie den Weg der Einweihung vor sich gesehen hat und daher ein Schüler des Meisters ist, geschieht diesem Schüler nichts, was nicht im Plan vorgesehen ist. Dies mag für viele schwer annehmbar sein. Sie haben das Gefühl, sie hätten den falschen Weg gewählt und tun aus Dummheit irgendeinen falschen Schritt. „Wo ist da der freie Wille“, fragen sie, „wenn alles, was der Schüler durchlebt, nach einem Plan geschieht?“ Wir sagen euch, das ist so, weil ein Schüler auf dieser Stufe keinen eigenen Willen kennt. Erkennt ihr es nicht? Der Schüler hat seinen Willen endgültig und vollkommen Gott hingegeben. Ein Schüler weiß, oder lernt, dass alles eine Auswirkung des geistigen Gesetzes ist. Wenn er sich auf den Weg macht, sagt er: „Ich bin zu allem bereit; ich habe ein Ziel, und das ist, so beständig wie möglich voranzuschreiten, Weisheit, Liebe und Kraft von Gott zu erlangen und in mich aufzunehmen. Nicht nur für mich allein, sondern um damit meinen Gefährten auf dem Weg zu helfen.“ Der Schüler denkt nicht nur an sich selbst, sondern er sieht das Leben als ein Ganzes. Es heißt nicht länger: „Ich“, es heißt „meine Brüder“.

Wir möchten die Aussage unterstreichen, dass nichts außerhalb des Plans geschieht. Wir meinen damit, es gibt gar keine Frage; der Schüler weiß, dass ihm die Dinge, die da kommen, alle zum Guten gereichen. Seht immer das Gute; wisset, dass Gutes aus all den Schwierigkeiten heraus entsteht, in denen ihr euch befindet. Wir unterstreichen diese Aussage; denn wir wissen, es gibt einige, die durch einen karmischen Umstand leiden, den zu durchleben sie sich entschieden haben. Ihr werdet durchkommen … ihr werdet ihn überstehen. Verliert nicht eure Vision, dass Gott gut ist: „Nicht was *ich* will, sondern was *du* willst, oh Gott.“

Die Überwindung der Angst

Euer Herz muss wissen, dass alle Angst unnötig ist, wenn ihr euch auf das höhere Selbst auf dem violetten Strahl einstimmt. Angst bedeutet Zerfall. Sie löst die Kraft des Lichtes auf; sie bewirkt Chaos in eurem Körper, in eurem Blutkreislauf, in eurem Nervensystem. Sie ist ein Verwüster. Ihr werdet euch hüten, euch zu ängstigen, aber wir erkennen die Schwierigkeiten an, unter denen ihr euch abmüht. Eine davon ist, dass die meisten Menschen ständig angsterfüllte Gedanken verströmen. Auf der ätherischen Ebene sieht man sie als schmutziges Grau oder sie sind gar braun oder schwarz gefärbt. Eure Aufgabe ist es, euch nicht mit diesen zu umgeben, sondern mit positiven Gedanken, mit Licht, das ihr selbst aus eurem Herz-Zentrum ausströmt. Ihr könnt den Stern in eurem Herzen und in eurem Kopf mit ganzer Kraft erstrahlen lassen, und all sein Licht wird euch umgeben und beschützen. Statt zuzulassen, dass eure Aura durch die düsteren Farben beeinflusst wird, könnt ihr von innen heraus Farben der Schönheit und Helligkeit aussenden, um so die dunklen Wolken um die Erde herum aufzulösen. Der natürliche Instinkt der Selbsterhaltung ist Teil des niederen Selbst, nicht des höheren. Das höhere Selbst muss lernen zu herrschen und dem niederen Selbst einzuschärfen, dass alles seine Richtigkeit hat.

Alle Angst muss überwunden werden. Das ist eine der größten Prüfungen. Oftmals, so sagen wir euch, gibt es im Leben nichts zu fürchten außer der Angst. Doch wenn ihr euch prüft, da sind wir sicher, werdet ihr feststellen, dass Angst einer der größten Feinde ist. Angst vor Verletzung, Angst davor, was im materiellen Leben geschehen könnte, Angst vor dem Tode … Angst vor allem möglichen. Angst muss in Vertrauen und Liebe umgewandelt werden.

Es ist schwer für eine Seele, Tag um Tag in einer dunklen Welt zu leben und die Lektionen in sich aufzunehmen, welche das äußere Leben seiner Bestimmung gemäß erteilt. Wenn ihr an der einen kleinen Lektion festhaltet, die darin besteht, die Angst zu vertreiben, wenn auch nur für eine kurze Zeit, dann werdet ihr am Ende feststellen, welch großen Schritt voran ihr getan habt. Seid ohne Angst. Übergebt euch Gott. Ihr werdet mit Liebe und Licht erfüllt sein; ihr werdet der Welt zu mehr Frieden verhelfen, und ihr werdet all jenen beistehen, die in der Dunkelheit verharren, da sie voller Angst sind – sogar euren sogenannten Feinden.

Wenn ihr durch materielle Dinge abgelenkt seid, bleibt ganz ruhig und innerlich still. Erinnert euch der Brüder der Stille, deren Kraft, große Dinge zu erreichen, allein in der Stille liegt. Berührt die Stille, und die Kraft des Geistes wird in euch einfließen und all eure Ängste zerstreuen.

Leidenschaftslosigkeit

Der Meister hat gesagt, dass es eine der wesentlichen Aufgaben für den Schüler ist, einen Zustand der Leidenschaftslosigkeit zu erreichen, eine ruhige Gemütsverfassung. Nichts verzögert den Fortschritt einer Seele auf dem Weg so sehr wie der Mangel an Leidenschaftslosigkeit. Es ist möglicherweise leicht, in diesen Zustand zu gelangen, wenn ihr in geordneten und harmonischen Verhältnissen lebt. Jedoch ist es nicht so leicht, wenn ihr in eine Welt des Aufruhrs zurückkehrt; denn obwohl ihr versuchen mögt, inneren Frieden zu erhalten, seid ihr immer noch heftigen Schwingungen der Menschheit in der äußeren Welt ausgesetzt. Trotz allem ist Leidenschaftslosigkeit etwas, was sich jeder Schüler erarbeiten muss; denn ohne sie kann keine enge Verbindung mit dem Meister aufrechterhalten werden. Auf sie ist alle wahre und meditative Arbeit begründet. Während ihr also zu meditieren sucht, lasst alle äußeren Dinge von euch abfallen: Überantwortet euren Verstand, eure Seele und euren Körper den Freuden des geistigen Lebens, und mit der Zeit werdet ihr in der Lage sein, sogar inmitten von Aufruhr leidenschaftslos zu bleiben.

Was meinen wir damit? Wahrscheinlich wisst ihr es schon. Leidenschaftslosigkeit bedeutet, allen Ereignissen des menschlichen Lebens mit Ruhe zu begegnen, in dem

Wissen, dass alle Dinge Ergebnis eigenen Versagens oder eigener Leistung sind, und dass daher jedes Ereignis sein Gutes hat. Es mag sein, dass wir es vereiteln. Es mag sein, dass wir ausrufen: „Dieser Kummer wird mein Herz brechen. Wie kann Gott ein Gott der Liebe sein, wenn Er solche Dinge zulässt?“ Aber Gottes Liebe ist um so viel größer, als es unsere menschliche Vorstellung von Liebe ist, und Gott sendet diese Dinge in das menschliche Leben, um der Seele eine Gelegenheit zu geben, sich selbst zu stärken und Ereignissen mit Gelassenheit zu begegnen und niemals daran zu zweifeln, dass alles, was geschieht, der Seele zum Guten gereicht.

Überall in der Bibel gibt es Geschichten von Menschen, die auf fast unerträgliche Art und Weise geprüft wurden, aber dennoch alles überstanden. Einer von ihnen war Hiob, der scheinbar so lange von Leiden aller Art heimgesucht wurde, bis alles von ihm genommen war. Sogar sein Körper war eine Masse eiternder Wunden; dennoch hielt er an der Liebe Gottes fest, und so bestand er die Prüfung. Er wusste, dass ihm alles nur geschah, weil er es entweder so verdiente oder er für die letzte Einweihung geprüft wurde.

Wollt ihr euch die Form des weißen Lotos vorstellen? Lasst uns diese Blume anschauen, wie sie auf der Oberfläche der beruhigten Wasser ruht und ihre Wurzeln bis hinab in den Schlamm unter ihr reichen. Wir wollen in diesem Symbol eine tiefe Wahrheit sehen, ein Musterbeispiel für die Seele, die Frieden gefunden hat, die in die Ruhe gebracht wurde, unberührt von den Stürmen und Leidenschaften des Lebens … die Seele, welche die Lektion der Leidenschaftslosigkeit gelernt hat.

Wir wissen wohl um die Empfindsamkeit, die das Ergebnis der Zunahme der geistigen Kräfte im Inneren ist, die in ihrem Wachstum durch die großen Strahlen des Lichtes und der Kraft von oben unterstützt werden. Aber wer sich der Einweihung in den Tempel der heiligen Mysterien als würdig erweisen möchte, muss Leidenschaftslosigkeit lernen. Ein solcher Mensch muss lernen unberührt zu sein, ungestört von all jenen Dingen, die die Seele mit geringerem Verständnis oder die jüngere Seele gewöhnlich veranlassen, in eine Geistesverfassung zu verfallen, die sie von den geistigen Segnungen Gottes abtrennen muss.

Das Symbol des Lotos sollte eurem wartenden Geist diesen Zustand der Leidenschaftslosigkeit bringen, den ihr und wir alle suchen. Es ist ein Symbol der Ankündigung … der Initiation. Es zeigt den stillen Beobachtern des menschlichen Wachstums und der geistigen Entfaltung den Augenblick an, da die Seele bereit ist, zu den Toren des Himmels geführt zu werden. Der Lotos ist ein Symbol des unpersönlichen (also des überpersönlichen, uneigennützigen) Dienens, aber auch ein Symbol der Kraft. Die Rose symbolisiert menschliche und göttliche Liebe, und im Leben des Christus-Wesens sehen wir diese vollkommene Verschmelzung. Auch der Lotos stellt diese Liebe bildlich dar, eine allumfassende Liebe, eine Liebe, die frei ist von allem Persönlichen (von Eigennutz). Er ist ein vollkommenes Symbol des Lebens. Wir sehen in seiner Form den sechsstrahligen Stern verkörpert, in dessen Zentrum sich die Kraft Gottes zeigt. Die Kraft Gottes ist der zentrale Punkt inmitten des sechsstrahligen Sterns; während der Stern als Ganzes für das vollkommene Gottes-Leben steht. Der Stern der Bruderschaft, der Kraft und Weisheit. In dieser Hinsicht ist der Lotos ein Symbol der Kraft. Wenn ihr am Ufer eines Sees steht (in der Welt des Geistes) und den Widerschein von Güte und Schönheit beobachtet, könnt ihr euer eigenes Spiegelbild sehen, und ihr seht euch selbst im Vergleich mit Gott und Gottes Manifestation der Wahrheit. So gewinnt ihr das Juwel der Wahrheit. Im Lotos leuchtet der Tautropfen auf. Wie wir gesagt haben, diese Lehre der Leidenschaftslosigkeit ist eine der wichtigsten Lektionen, die der Schüler lernen muss, der auf dem Weg zu höheren Einweihungen wandert.

Geduld

Während ihr in einem physischen Körper lebt, sind überall um euch herum unbekannte Welten und unerforschte Meere. Es ist gut, wenn alle Menschen mit diesen unsichtbaren Welten vertraut gemacht werden können. So können sie ihren Körper, ihre Seele und ihren Geist dem Einfluss der feineren Äther der Geisteswelten anpassen, von denen aus sich jede Seele vor der Inkarnation auf die Reise gemacht hat: Welten, zu denen jede Seele nun als dem wahren Heim des Geistes zurückreist.

Erst dann, wenn die Seele die Kräfte zu verstehen beginnt, die von diesen höheren Reichen des Lebens auf sie einwirken, beginnt die Erweiterung des geistigen Bewusstseins. Wenn dieses Licht einer jungen Seele erwacht, geht, gemäß unserem geistigen Verständnis von Zeit, der Fortschritt auf dem Weg ziemlich schnell voran.

Im irdischen Körper ist die Zeit ein Meister und ein unangenehmer dazu – aber nur sofern ihr betroffen seid. Die Zeit ist ein großer Lehrer und vielleicht lehrt euch die Zeit gerade jetzt Weisheit. Saturn, der manchmal als Vater Zeit dargestellt wird, ist streng mit seinen Schülern und erlaubt keine Hast, erlaubt keine vorschnellen Lektionen oder oberflächlichen Berechnungen. Er besteht darauf, dass jeder Lektion eine angemessene Zeitspanne eingeräumt wird, dabei ist die Zeit eine der lästigsten Formen von Disziplin, die der Körper ertragen muss. Trotz allem bringt Saturn jeder Seele wahren Reichtum. Haltet euch vor Augen, wie wohltätig Saturn ist, und messt dem schädlichen Einfluss nicht zu viel Bedeutung zu; denn ihr habt in dieser Zeit vieles, wofür ihr euch bei Saturn bedanken könnt. Es ist wahr, Saturns Einfluss bewirkt, dass ihr euch etwas kalt fühlt, aber Kälte und Frost halten die hitzigen Menschen auf und hindern sie daran vorwärts zu stürmen. Saturn sagt: „Warte, es müssen Lektionen gelernt werden!" Jene, die durch diese Unannehmlichkeit hindurch eilen möchten, müssen sich vergegenwärtigen, dass sie versuchen, einen verehrungswürdigen, gütigen und weisen Lehrer zurückzuweisen. Habt Geduld, denn Geduld ist eine der wichtigen Lektionen, die auf dem Weg der geistigen Entfaltung gelernt werden müssen.

12

Gebet

Ein neuer Weg

(Obwohl White Eagle in Teilen seiner Lehre auf die geistige Verbindung mit Gott und den Engeln Bezug nimmt, spricht er auch über unsere Annäherung an den Christus in unserem Inneren – die Stimme unserer Intuition.)

Es ist bekannt, dass ein geistiges Wesen oder ein Engel einfache Menschen zu *gewöhnlichen* Zeiten aufsucht, aber zumeist kommen die Engel, Lehrer und geistigen Führer zu einem Menschen, wenn er sich in einem höheren Bewusstseinszustand befindet. Der Materialist mag diesen Zustand anders bezeichnen – etwa als Hysterie oder Trance. Jedoch versteht der irdische Verstand, sterblich wie er ist, nicht, dass jenseits der physischen Welt eine Welt von feinerem Äther, einer höheren Schwingung existiert. Daher muss jeder, der Mitteilungen aus jener Welt erhält, jemand sein, der sein Bewusstsein anheben kann; oder, in anderen Worten, fähig ist, sich dem „höheren Raum" zu nähern.

In der religiösen Geschichte, wie auch in der Bibel, wird immer wieder darauf hingewiesen, dass der Meister (oder die Jünger) auf einen Berg steigt. Es wird uns erzählt, dass Jesus auf einen Berg ging, und als er sich niederließ, kamen seine Jünger zu ihm. Dies verdeutlicht, was wir meinen. Zuerst muss der Aufstieg zu einem höheren Bewusstseinszustand bewältigt werden. Dann wird der Heilige Geist wahrgenommen und gefühlt. Zu Pfingsten leuchteten die Feuerzungen auf den Jüngern, die von ihrem Meister sprachen, die irgendeinen Beweis seiner Gegenwart, seines fortdauernden Lebens, erwarteten.[17] Die Wahrheit in ihnen war in der Lage, sich durchzusetzen, und ihnen wurde vermittelt, dass der Meister nahe war. Viele andere Beispiele in der Heiligen Schrift und der religiösen Geschichte erzählen euch, dass in einem geläuterten, verfeinerten Lebensstadium vollkommene Wiedervereinigung und Kommunion mit jenen stattfindet, welche die Erde bereits verlassen haben.

Wir haben gesagt, dass diese Kommunion (oder Verständigung) gewöhnlich jenen zuteil wird, die sich vorbereitet haben, indem sie sich in einen heiligen Ort oder auf die Höhen zurückgezogen haben, aber es folgt daraus nicht immer, dass ihr euch darum bemühen müsst, in einer Kirche oder an einem heiligen Ort allein zu sein. Es kann sein, dass ihr nicht einmal bemerkt, dass ihr be-

17 Die Geschichte der Verklärung steht bei Markus 9 und der Pfingstbericht in der Apostelgeschichte 2

tet. Es kann ein unausgesprochenes aber dennoch wahres Gebet sein. Allein die Handlung genügt, um euch in die Welt des Geistes „einzuschalten“, in den notwendigen geistigen Zustand, der euch befähigt, die Stimme oder Botschaft des Geistes zu vernehmen, oder sogar aus euren feineren Körpern eine ätherische Substanz bereitzustellen, die es dem Boten aus der geistigen Welt ermöglicht, sich zu offenbaren.

Wir empfehlen, dass ihr in Hinsicht auf diese Dinge ganz vernünftig und bedacht seid. Ihr müsst auf der Erde auf die richtige Art und Weise leben. Ihr solltet verstehen, dass ihr einen Körper zu einem bestimmten Zweck bewohnt. Ihr müsst euch auch vor Augen halten, dass euch diese Kommunikation von der Welt des reinen Geistes her nicht versagt werden wird, wenn ihr in eurem Herzen demütig bleibt und einfach im Glauben und auf die ewige Liebe vertraut. Wenn ihr eine Stimme hört, die Gott ähnlich zu sein scheint, wahr und schön in ihrer Weisheit, sagt nicht: „Das ist eine Einbildung.“ Bedenkt immer, dass kein Besucher aus der geistigen Welt eine Botschaft überbringen wird, die zum Gesetz des Christus im Widerspruch steht, oder Worte sprechen wird, die unfreundlich oder verletzend für einen anderen Menschen wären; und kein derartiger Besucher wird euch jemals ein fruchtloses Unterfangen auftragen. An ihren Früchten also werdet ihr sie erkennen.[18] Die Bot-

18 Matthäus 7,20

schaft, die vom reinen Geist kommt, wird dem entsprechen, was ihr aus einem solchen Bereich der Reinheit, Liebe, Zärtlichkeit und Weisheit erwarten könnt. An ihren Früchten werdet ihr sie wahrhaftig erkennen. Was aus dem Christus-Kreis kommt, wird den Stempel oder das Gütesiegel des Christus-Geistes tragen. Kein wahrer Führer oder Lehrer wird jemals eine Botschaft übermitteln, die hart, unwahr oder unfreundlich ist. Dies ist der Prüfstein.

Aber dem möchten wir hinzufügen, dass die Menschen in ihrer Interpretation nicht immer korrekt sind. Wenn eine Botschaft missverständlich oder falsch zu sein scheint, seid geduldig. Wartet auf eine Erklärung oder die Auswirkungen dieser Botschaft. Bedenkt auch, dass solche Botschaften sich manchmal nicht auf materielle Bedingungen beziehen, sondern auf eure geistige Entwicklung, und die Entfaltung und Öffnung eures eigenen Bewusstseins. Bedenkt auch, dass es keine Zeit und keinen Raum und keinen Tod gibt, wenn ihr euch in diesem höheren Zustand oder auf der Ebene des spirituellen Lebens befindet. Die Auswirkung einer Aussage auf dieser höheren Ebene mag für euch unverständlich sein, wenn ihr zum irdischen Bewusstsein zurückkehrt.

Wir sprachen über die geistige Einstimmung eines Menschen auf Gott. Ebenso wie es mit Radiowellen der Fall ist, gibt es häufig Störungen, sodass euer Empfang fehlerhaft sein kann. Ähnliche Bedingungen sind ausschlaggebend bei der Aufnahme reinen Geistes. Die Wellen können sich kreuzen. Dann habt ihr einen unvollkommenen Empfang, und die Wünsche des Empfängers führen zu einer noch unvollkommeneren Interpretation. Seht ihr wie die Botschaft verzerrt wird?

Die Bedingungen für klaren und vollkommenen Empfang sind daher Ruhe und Stille, nicht nur Stille auf der äußeren Ebene, sondern es ist erforderlich, sehr tief in der inneren Welt, dem Ort im Inneren, gegenwärtig zu sein. Unter allen widerstreitenden Schwingungen, findet ihr die Stille; und in dieser Stille ist Gott. Gott ist hinter aller Form, aller Aktivität, aller Manifestation. Gott ist da.

Das bringt uns zu einigen Gedanken über die Kraft des Gebetes, die wir euch anbieten möchten. Wir hoffen, dass diese wenigen Worte euch ein wahres Verständnis dessen bringen werden, was das Gebet ist, und was es bewirken kann. Erinnert euch daran: Ein kleines Kind kann beten und eine direkte Antwort auf sein Gebet erhalten. So erfordert es weder großen Scharfsinn noch Intelligenz, um richtig zu beten. Wahres Beten ist eine Projektion, ein ernsthaftes Ausatmen hin zu Gott – zu dieser großen Stille, diesem umfassenden und alles durchdringenden Wirken, diesem Leben, diesem Geist.

Es wäre nicht weise, ohne Überlegung zu beten; denn das Gebet ist etwas Machtvolles, und wenn der ausgesandte Wunsch stark genug ist, kann und wird er diese Ebene erreichen. So kann es sein, dass ihr für etwas betet, das euer Astralkörper dringend zu brauchen vermeint. Dieser Gedanke kann so machtvoll sein, dass er eine Antwort zurückbringt. Ein Gebet kann durchaus wie ein Bumerang sein, der losfliegt und ebenso schnell zurückkehrt. Die Erfüllung eures Wunsches mag euch nicht immer Glück oder Segen bringen, aber sie wird euch immer eine Lektion erteilen. Wenn ihr andererseits ein ernsthaftes Gebet aussendet, einen Gedanken, eine Überzeugung, getragen von Glaube und Hoffnung, in der zuversichtlichen Erwartung, dass Gott, euer Vater, der große, alles durchdringende und erfüllende Geist, eure Bedürfnisse kennt und sie befriedigen wird, so ist das ein wahres Gebet.

Ihr werdet sehen, dass es besser ist, den Großen Geist der Liebe anzubeten, indem ihr ihm vertraut, statt um die Erfüllung eines Wunsches zu bitten. „Oh Gottvater, Der Du vollkommene Liebe bist, was immer geschieht – es ist Dein Wille. Ich vertraue Dir, Oh große Mutter und großer Sohn; ich vertraue Dir. Du wirst geben, wie es Deiner Liebe gemäß ist; möge ich, Dein Kind, daher dankbar sein für alles, was Du sendest." Das ist wahres Beten: „Dein Wille möge an mir getan werden; Dein Wille geschehe auf Erden, so wie im Himmel – in Harmonie und Glück. Denn Dein ist das Reich, die Kraft und die Herrlichkeit. Möge Deine Herrlichkeit fähig sein, in mein Herz einzutreten und mir den Weg zu weisen."

Ein Kind, da es reinen Herzens ist, betet vielleicht, indem es an die Freundlichkeit und die Liebe von Vater/Mutter in der gleichen Weise glaubt, wie an seine menschlichen Eltern. Das göttliche Saatkorn im Kind glaubt, dass der Vater und die Mutter seine Bedürfnisse kennen. Es wendet sich vertrauensvoll an Vater und Mutter. Das ist wahres Gebet, und dieses Gebet wird beantwortet. Dennoch, so möchten wir wiederholen, achtet sorgfältig darauf, wie ihr betet und wofür ihr betet. „Nicht *mein* Wille, sondern *Dein* Wille möge an mir getan werden und in meinem Leben."

Das führt uns zu unserem letzten Punkt. Wie sollt ihr für die Welt beten? Hat euer Gebet seinen Ursprung in eurem eigenen Wunschkörper, oder betet ihr dafür, dass das Königreich auf Erden kommen möge? Betet ihr dafür, dass sich das göttliche Leben in all seiner Herrlichkeit und Schönheit durch die Menschheit vergegenwärtigen möge? Jetzt kommen wir dem schon näher. Betet ihr mit all eurem täglichen Denken und Handeln? Das wäre das wirkliche Gebet. Rechtes Motiv, rechtes Denken, rechtes Sprechen, rechtes Tun – hier ist das größte und wahrste Gebet. Auf diese Weise wird der Schüler nicht nur beten, sondern für das Kommen des Göttlichen leben und arbeiten. Seht ihr also die Bedeutung des menschlichen Verhaltens, die Anstrengung, die Bruderschaft der Menschen durch die Bruderschaft des Geistes herbeizuführen? Das Wichtigste ist, so im Einklang zu sein, dass ihr in jedem Augenblick eures Lebens eine Kette der Verursachung in Bewegung setzt, die eines Tages zwangsläufig eine Wirkung auf euren Körper, eure Seele und auf das Leben im Allgemeinen hat. Eine andere Form des Gebetes ist Dankbarkeit gegenüber Gott für alles, ganz gleich, ob es in unseren Augen schön zu sein scheint. Der Weise akzeptiert alles mit einem freudvollen und dankbaren Herzen. Das sollte auch bei euch so sein. Was immer geschieht, es kommt als Segen der göttlichen Liebe und Weisheit.

Glaubt nicht, dass diese Welt um euch herum immer dunkel und unwissend bleiben wird. Blickt nicht weiter als fünfzig Jahre zurück, und ihr müsst zugeben, dass zwar die Wachstumsschmerzen vielleicht unerfreulich waren, doch die jetzige Zeit zeigt eine bessere Lebenslage für die meisten Menschen auf. In dem Maße, wie jeder einzelne diese geistige Wahrheit aufnimmt, diese uralte Weisheit, und sie im täglichen Leben in die Tat umsetzt, muss sie langsam das nationale und internationale Leben durchdringen. Friede auf der Erde, Brüder- und Schwesterlichkeit und das Ende aller Kriege und Konflikte muss zwangsläufig die Folge sein.

Wir versichern euch, dass der Tag kommen wird, da alle Länder unter einer Weltregierung vereint leben werden. Die Nationen werden wie Brüder und Schwestern zusammenleben und sich gegenseitig auf ihrer Reise behilflich sein: Sie werden sich nicht länger behindern oder bekriegen, sondern sich gegenseitig dienen und das Leben von Millionen verschönern. Der Tag bricht sicher an, da diese Vision klar vor den Augen aller Menschen guten Willens stehen wird. Damit meinen wir alle Menschen, die nicht für ihr eigenes Wohl, sondern für Gott und Gottes Schöpfung leben, die leben, um Instrumente zu sein, durch welche sich das Leben Gottes in all seiner Herrlichkeit manifestieren kann.

Dies liegt vor euch, Kinder der Erde, habt Mut zu glauben. Unterwerft die Stimme des niederen Selbst der irdischen Natur. Öffnet eure Ohren für die himmlische Musik, für den Chor der Engel. Durch diese Schönheit wird euer Leben erhellt und gesegnet werden.

Das Gebet ist ein Streben der Seele, Licht zu empfangen, Ganzheit und Gesundheit. Wahres Gebet, wahres Streben muss beantwortet werden. Wenn beim Gebet Selbstsucht im Spiel ist – wie kann es da beantwortet werden? Selbstsucht setzt die Harmonie mit dem Leben Christi außer Kraft. Gott sendet euch immer Gutes, um eure Gebete zu beantworten. Seht ihr wie klar das ausgedrückt ist? Ihr könnt nicht die Früchte des Geistes tragen, solange ihr nicht Christus in euer Leben einladet. Es gibt in der geistigen Welt keine Schönheit für irgendjemanden, solange der Mensch nicht gelernt hat, an Christus festzuhalten und in Licht, Liebe und Bruderschaft zu verweilen.

Wir möchten die Bedeutung des Ausspruchs des Meisters verdeutlichen: „Wenn ihr in mir bleibt und meine

Worte in euch bleiben, dann bittet, um was ihr wollt, und es wird euch zuteil werden.“[19] Nicht im gesprochenen Wort, sondern im Geist des Christus in uns. Bittet, sucht, betet und eure Gebete werden erhört. Aber bittet in wahrem Geist – dem Geist eines Kindes, das demütig genug ist und willens, von seinen Eltern zu lernen. Dein Wille, Oh Gott, möge geschehen – nicht wie *ich* es will, sondern wie *Du* es willst.

Frieden

Hier ist eine einfache Übung. Wendet euch morgens nach dem Aufstehen der aufgehenden Sonne zu, wenn möglich vor einem geöffneten Fenster. Steht aufrecht mit gerader Wirbelsäule und mit beherrschtem Solarplexus. Wenn ihr wollt, so richtet eure Konzentration, ehe ihr einatmet, auf das zentrale Licht, das goldene Licht – es wird wie ein Blitz kommen. Ihr könnt dieses Licht in eurem Kronen-Zentrum wahrnehmen. Indem ihr dieses allumfassende Licht, diesen Vater-Mutter-Gott wahrnehmt, werdet ihr augenblicklich in eurem Herzen ein Gefühl der Liebe und der Zugehörigkeit verspüren. Versucht, eure Verbindung mit dem Großen Geist wahrzunehmen. Atmet nun ein. Macht am ersten Tag drei tiefe Atemzüge; am nächsten Tag sechs; dann neun und so weiter; und während ihr atmet, atmet nicht nur Luft ein

19 Johannes 15,7

und aus, sondern atmet Lebensatome in euer Sein. Hebt eure Arme, während ihr einatmet, wenn ihr das als hilfreich empfindet, und dann, wenn ihr ausatmet, lasst eure Arme langsam herabsinken.

Strebt mit jedem Einatmen zu Gott. Spürt, wie die göttliche Energie euch erfüllt; während ihr ausatmet, segnet alles Leben. Dieses Einatmen wird bewirken, dass das geistige Licht, die geistige Sonne hinter der physischen Sonne, in euch eintritt und von den Membranen am Kronen-Zentrum und am Stirn-Zentrum aufgenommen wird. Von diesem Zentrum aus könnt ihr das Licht gedanklich zum Herz-Zentrum leiten, um die Energie und das Sonnenlicht zum Samen-Atom zu lenken, das im menschlichen Herzen ruht.

Dieses rhythmische Atmen bewirkt mehr, als nur euren Körper zu beeinflussen. Wer hellsehen kann, wird bemerken, dass die Person, die das göttliche Leben voll bewusst einatmet, ein starkes Licht ausstrahlt. Sie stärkt ihre Seele und das bewirkt, dass diese sich ausdehnt und Helligkeit und Lichtstrahlen aussendet. Ihr atmet ein und nehmt diesen Strom des Lebens und des geistigen Lichtes in euch auf. Dann lasst ihn von euch ausgehend, als Segen über alle anderen fließen. So nehmt ihr Gottes Leben auf und ihr segnet alles Leben. Ihr empfangt und ihr gebt; und so kommt ihr in Harmonie mit dem rhythmischen Lebensstrom. Er wird eure Nerven nähren, und euch ein Gefühl des Friedens und der Beherrschung schenken.

Sucht den Willen Gottes und nicht den Eigenwillen. Lasst alle Nationen den göttlichen Willen für die Erde suchen. Kein Land muss sich fürchten, wenn es das Gesetz Gottes in all seinem Handeln in die Tat umsetzt. Wir wissen, dass viele Probleme entstehen werden, doch wir vertrauen darauf, dass das geistige Gesetz der Weg des Friedens ist. Die Menschheit muss jedoch dem geistigen Gesetz eine Gelegenheit geben, wirksam zu werden. Doch viele Menschen halten Ausreden und Gründe bereit, warum das geistige Gesetz nicht angewendet werden sollte. Das ist jedoch die einzige Antwort und so sagen wir euch: In eurem eigenen Leben ... suchet vielmehr zuerst das Reich Gottes ...[20] Geht in die Stille; sucht dort, und dann, wenn ihr es gefunden habt, lasst es in eurem eigenen Leben in Erscheinung treten.

Auf dem Weg geht es auf und ab. Stellt euch standhaft eurem alltäglichen Leben und den euch gestellten Aufgaben und bringt damit das Licht in euch zu bewusster Wirksamkeit, sodass sogar die Zellen eures Körpers verfeinert werden. Das ist es, was in der Welt geschieht. Unaufhörlich gestaltet, reinigt und erhöht der Geist – Gott – die Schwingungen der Welt.

Was beim Einzelnen in Form von Karma, Aufgaben und geistiger Entwicklung stattfindet, geschieht gleichermaßen überall im Leben der Nationen, bei den Planeten, in ganzen Sonnensystemen, sie alle gehorchen dem einen

20 Matthäus 6,33

Gesetz der Entfaltung und des Wachstums. Wir könnten es fast als ein Einatmen und Ausatmen beschreiben, ein rhythmisches Atmen. Normalerweise ist der physische Vorgang des Atmens so harmonisch und sanft, dass ihr eure Atmung nicht bemerkt. Das ist es, was Gott tut. Stetig bewegt sich die göttliche Energie in die Menschheit hinein und zieht sich dann zurück – inkarniert und verlässt die Inkarnation. Zeitalter kommen und vergehen und entstehen erneut. Das Leben ist ein ununterbrochener Rhythmus und das ganze Leben strebt nach Vervollkommnung und nach noch mehr Vollkommenheit. Kann Vollkommenheit jemals vollendet sein? Nein, es findet eine beständige Verschönerung statt. Wenn ihr euch vorstellt, wie sich eine Landschaft unaufhörlich und ganz allmählich immer weiter entfaltet, ohne dass jemals ein Ende zu erkennen ist, so könnt ihr vielleicht eine Vorstellung davon bekommen.

WHITE EAGLE

Naturgeister und Engel
In den unsichtbaren Reichen des Lebens gibt es vor allem zwei feinstoffliche Lebensformen, die ganz entscheidenden Einfluss auf das menschliche Dasein haben - die Scharen der Engel und der Naturgeister. WHITE EAGLE zeigt mit seiner wunderbaren Weisheit auf, wie die Naturwesen vor allem das Pflanzenreich entfalten und die Schönheit in den "Garten Erde" einziehen lassen. Die majestätischen Engelwesen dagegen wachen nicht nur über dem Schicksal des Einzelnen, sondern sie gestalten die Gesamtentwicklung von Völkern oder gar Planeten.
Ein einzigartiger Blick hinter jenen 'Vorhang', der zwei Sphären des Lebens unterteilt, die in Wahrheit nur durch höhere oder niedrigere Schwingungen voneinander getrennt sind!

978-3-89427-822-9

Vom Leben jenseits der Todespforte
978-3-89427-837-3

Weisheit
978-3-89427-821-2

Auf der Suche nach Gelassenheit
978-3-89427-937-0

Der geistige Pfad
978-3-89427-243-2

Meditation
978-3-933836-06-0

Einweihung
978-3-89427-879-3

In der Stille liegt die Kraft
978-3-922936-09-1

Heilungsbuch
978-3-922936-41-1